beck'sche reihe

bsr

ben zi bena
bluot zi bluoda,
lid zi geliden,
sose gelimida sin.

Knochen zu Knochen,
Blut zu Blut,
Glied zu Glied,
so sollen sie fest gefügt sein.

Mal durch einen Heilzauber – der uns in diesem Fall in den *Merseburger Zaubersprüchen* erhalten geblieben ist –, mal durch einen Wetter- oder Schadenszauber, aber auch mit Hilfe noch ganz anderer magischer Methoden haben die Menschen im Mittelalter und der frühen Neuzeit versucht, ihr Leben, ihre Mitmenschen und ihre Welt zu beeinflussen. Helmut Birkhan hat ein spannendes Buch über magische Praxis und ihre Denkvoraussetzungen geschrieben, in dem er anhand zahlreicher konkreter Beispiele die Welt der Zauberer und Hexen wieder lebendig werden läßt und auch die Einstellung und Reaktionen ihrer Zeitgenossen beschreibt.

Helmut Birkhan ist emeritierter Professor für Ältere deutsche Sprache und Literatur an der Universität Wien sowie wirkliches Mitglied der Österreichischen Akademie der Wissenschaften. Er genießt als Spezialist für keltische und germanische Kultur-, Sprach- und Religionswissenschaft sowie für mittelalterliche Literatur und ältere Germanistik großes internationales Renommee.

Helmut Birkhan

Magie im Mittelalter

Verlag C.H.Beck

Mit 16 Abbildungen im Text

Das Umschlagbild bietet ein Beispiel für «natürliche Magie» im Bereich der Alchemie. Die flüchtigen – und daher geflügelt dargestellten – Grundsubstanzen, «unser» Mercurius und «unser» Sulfur, also scheinbar Quecksilber und Schwefel, verbinden sich auf menschliche Art im Coitus und zeugen so den «jungen Philosophen», wie der «Stein der Weisen» auch hieß (vgl. S. 54–57).

Originalausgabe

Satz, Druck u. Bindung: Druckerei C.H.Beck, Nördlingen
Umschlagentwurf: malsyteufel, Willich
Umschlagabbildung: Coniunctio spirituum, aus:
Rosarium philosophorum, Frankfurt 1550
Printed in Germany
ISBN 978 3 406 60632 8

www.beck.de

Inhalt

I. Begriffsbestimmung von Magie

Unter *Magie* verstehen wir heute eine Form der menschlichen Naturbeherrschung und Weltaneignung, die sich vom naiven Alltagsbewußtsein, der wissenschaftlichen Praxis und der Religion bzw. dem Kult unterscheidet. Von der Religion etwa dadurch, daß sie zu einer unverstellten, ganz unmittelbaren Anschauung von Natur und Welt neigt. Die Religion nimmt dagegen ein mehr oder minder «menschenartig» (anthropomorph) gedachtes übermenschliches Wesen (Numen) an, das durch Gebete und Opfer versöhnt, beeinflußt und verherrlicht werden kann, ein Wesen, dem Willens- und Handlungsfreiheit zugestanden wird. Freilich ist die Grenze zur Magie nicht scharf gezogen. Immerhin gibt es Versuche Heiliger, auch auf Gott magisch einzuwirken (s. unten S. 78), ebenso muß der Adept der «Teuflischen Magie» auf die Eigenheiten der von ihm beschworenen Dämonen eingehen (s. unten S. 88–92).

Fast gleichbedeutend mit *Magie* ist heute *Zauber*. Doch *Zauber* ist vielfältiger, sein Bedeutungshorizont größer: Man spricht vom Zauber eines Menschen, einer Landschaft oder eines Kunstwerks. In anderen Fällen, etwa in Ausdrücken wie «fauler Zauber» hat das Wort negative Nebenbedeutung. Moderne Vertreterinnen und Vertreter des Neuheidentums, etwa der *Wicca*-Religion, die unbedenklich von ihrer («weißen») Magie als Heilerinnen und Heiler sprechen, werden vermutlich die Bezeichnung *Zauber* eher ablehnen. *Zauberei* als Bezeichnung ihres Tuns wäre ihnen wohl zu oberflächlich und auch zu wenig «wissenschaftlich», denn sie neigen dazu, ihre «Arbeit» zu einer Art esoterischer Wissenschaft zu stilisieren. Wenn ich im Folgenden das Wort *Zauber* und seine Ableitungen verwende, so einerseits als stilistische Variante für *Magie*, andererseits, weil Bildungen wie «Wetterzauber», «Abwehrzauber» und «Liebeszauber» fest etabliert sind.

In der Perspektive der Theologie ist Magie heute praktizierter Aberglaube. Im Mittelalter hingegen hatte das Wort *magia* einen viel weiteren Bedeutungsumfang und konnte die Naturwissenschaften mit umfassen. Das Wort *Aberglaube*, im älteren Deutsch auch *Mißglaube*, *Afterglaube*, steht für lat. *super-stitio* (vgl. nl. *over-geloof*) und bezeichnete ursprünglich das, was «über den römischen Staatskult hinaussteht». Es verrät damit seine Herkunft aus der Sicht- und Redeweise der standardisierten Religion. *Superstitio* war in Rom also private Frömmigkeit, die Verehrung fremder Götter wie des Mithras, aber auch vieles, was wir heute unter Aberglauben und Magie verstehen. Der Abergläubische selbst hat für den eigenen Aberglauben nicht dieses Wort und neigt dazu, ihn zu verleugnen. Es dominiert ja das Interesse an der Praxis, eben der Magie, die meist ein konkretes Ziel vor Augen hat, etwa die Wiederherstellung einer harmonischen, schmerzfreien Verfassung. Das lat. *superstitio* bezeichnete auch zu weitgehende Orakelgläubigkeit und Götterfurcht (bei Varro und noch bei Augustinus), während wir unter Aberglauben und magischer Praxis viel allgemeiner das vernunftferne Vertrauen in gewisse Formen des Erkennens und damit der Beherrschbarkeit und der Manipulation bestimmter Daseinssituationen verstehen, die freilich nicht selten als schicksalhaft empfunden werden.

Wenn der vorliegende Band das Wort *Magie* im Titel führt, so könnte man fragen, ob der Aberglaube selbst überhaupt zu seinem Einzugsbereich gehört. Ja und nein. Sobald man lediglich an die Existenz der «Wilden Jagd» (bair. *Nochtgjoad*) glaubt, die etwa im 2. Akt des «Freischütz» oder in Arnold Schönbergs «Gurreliedern» thematisiert wird, gehört er nicht hierher. Wirft man sich aber beim Herannahen des Spuks in die rechte Wagenspur, um keinen Schaden zu nehmen, oder hackt der Holzknecht drei Kreuzchen in den Baumstumpf, damit die verfolgten Armen Seelen oder Moosweiblein darauf Schutz finden, so gehört diese Praxis, die noch in der ersten Hälfte des 20. Jh.s geübt wurde, in den Bereich der Magie. Bei der mittelalterlichen *magia* läßt sich gewöhnlich die für unsere Begriffe abergläubische Theorie etwa der «Säftelehre» von der magischen Praxis nicht trennen, letztere sich nicht ohne erstere verstehen (s. unten S. 62 f.).

Aberglaube und Magie kann man in unserem Kulturkontext einfach dadurch bestimmen, daß sie im Widerspruch zur aktuellen christlichen Lehre, aber auch zum Erkenntnisstand der (Natur-)Wissenschaft und zur menschlichen Vernunft stehen.

Als Aberglaube kann aber auch alles gelten, was der Weltsicht des agnostischen Alltagsrealismus widerspricht, wobei diesem auch die geltende Religion weithin als Aberglaube und Magie erscheinen wird. Und was aus islamischer, hinduistischer, buddhistischer oder aus der Sicht einer «Naturreligion» Aberglaube ist, kann ein europäischer Christ nicht so ohne weiteres beurteilen. Wir werden noch sehen, daß wir auch im Mittelalter oft genug geneigt sind, etwas für Aberglauben zu halten, was aus mittelalterlicher Sicht kein Aberglaube war, denn was uns magisch und abergläubisch anmutet, konnte durchaus zu den von der Kirche anerkannten, ja geförderten Prinzipien gehören. Das gilt für das Ablaßwesen ebenso wie für den Reliquienglauben, die beide, vom Protestantismus generell abgelehnt, von der modernen katholischen Kirche stärker in den Hintergrund gedrängt werden. Auch die Sakramente des Katholizismus, wie wir sie kennen, zeigen die typische Wirkautomatik, die auch für die Magie charakteristisch ist, sind aber nie als Magie verstanden worden und können daher heute nur aus nicht-katholischer, naturwissenschaftlicher oder agnostischer Sicht als magische Elemente angesehen werden. Aus religiöser Sicht werden die Begriffe Magie und Zauberei primär nur «systemextern» verwendet. Systemintern spricht man von Wundern. Das zeigt sich z. B. besonders deutlich in der frühchristlichen Literatur (etwa den «Petrus-Akten» und dem *Martyrium Petri*), wenn dem Wirken des Gnostikers Simon (Magus), das in seinem mißglückten Flugversuch gipfelte, der wundertätige Heilige gegenübergestellt wird, der dem «Magier» etwa durch einen sprechenden Hund den Kampf ansagt (Apokryphen NT, 349–351, 362–364). In ähnlicher Weise soll im 8. Jh. der hl. Leo, Wundertäter von Catania, dem Zauberer Heliodor, der sich dämonischer Helfer bediente, entgegengetreten sein.

Den (kritischen) Gebrauch des Wortes *Magie* verdanken wir den aufgeklärten Römern. Sie hatten um 450 v. Chr. im Zwölftafelgesetz (Tafel 8) das Singen eines Zauberliedes (*carmen*) und das Wegzaubern von Feldfrüchten unter Todesstrafe gestellt, waren aber gegen Ende der Republik, als 97 v. Chr. auf Senatsbeschluß auch die Menschenopfer abgeschafft worden waren, zu einer vernunftbetonten Haltung gelangt und nahmen nun die persischen *magi* der zoroastrischen Religion wie Cicero (*de divinatione* 1, 23, 46; 1, 41, 90) zwar als weise Priester, doch befremdliche Merkwürdigkeit wahr. Die abwertende Verwendung des Wortes *magia* findet sich dann etwa bei C. Plinius dem Älteren in seiner Naturgeschichte (nat. hist. 30, 12 f.). Er war dem Mittelalter und der frühen Neuzeit eine bedeutende Autorität und hat besonders die keltischen Druiden als Magier herausgestellt und behauptet, sie hätten unter den britannischen Barbaren eine so hohe Bedeutung, daß man meinen könnte, die persischen Magier kämen aus Britannien. Gleichzeitig ist Plinius, der einem rationalistischen Deismus huldigte und Gott mit der *natura* gleichsetzte (nat. hist. 2, 5), mit seiner 77 n. Chr. erschienenen *Naturalis historia* eine unserer Hauptquellen für die Kenntnis der römischen Alltagsmagie, deren wichtigster und leichtgläubiger Repräsentant er selbst war (Thorndike I, 41–99). Er glaubte denn auch (nat. hist. 28, 8), die Gewohnheit, dem Niesenden Glück zu wünschen, die verbreitete Meinung, jemandes Ohren klängen, wenn man von ihm spräche oder die Sitte, jemandem den Daumen zu drücken, habe tatsächlich so etwas wie eine magische Wirkung.

In der Geisteshaltung der modernen Vernunftphilosophie hat der Ethnologe James George Frazer die ersten beiden Bände seines «Golden Bough» (1890) bezeichnenderweise «The Magic Art and the Evolution of Kings» genannt und damit als aufgeklärter Repräsentant eines kolonialistischen Weltreiches wie der Römer Plinius seine Distanz gegenüber der archaischen Magie zum Ausdruck gebracht, aus der nach seiner Meinung erst später höhere Gesittung und das Königtum erwuchsen. Für ihn war die Menschheit von der Magie über die Religion zur Wissenschaft, die in seiner Zeit kulminierte, fortgeschritten. Kurioserweise gewann aber zur gleichen Zeit auch die mittelalterlich-frühneuzeitliche Magie eine neue Popularität besonders in intellektuellen und Künstlerkreisen wie z. B. dem «Hermetic Order of the Golden Dawn», dem der Poet und Nobelpreisträger William Butler Yeats angehörte und wo als Chefmagier Samuel Liddell MacGregor Mathers (alias «Frater Iehi Ahour»; 1872–1923) sowie der berühmte Aleister Crowley (alias «Frater Perdurabo»; 1875–1947) wirkten. Der «Orden» ist auch heute noch aktiv und bietet magische Workshops an – etwa «Magic of Manifestation» am 6. und 7. Dezember 2008 in Nürnberg. Auch moderne esoterische Bewegungen nennen ihre eigenen Praktiken nicht selten «magisch», um deren nichtchristliches Neuheidentum hervorzuheben.

Die Magie steht als «Form der menschlichen Naturbeherrschung und Weltaneignung» aber auch in einem Verhältnis zur Naturwissenschaft, das wir «quasi-naturwissenschaftlich» nennen könnten. Damit sind Denkschemata und Verfahren gemeint, denen die naturwissenschaftlichen Erkenntnisinstrumente wie das systematisch durchgeführte Experiment, insbesondere auch Experimentreihen, die Statistik und die mathematische Analyse keine unverzichtbare Voraussetzung sind. Allerdings gelten viele Prinzipien und Verfahren, die wir möglicherweise als magisch ansprechen würden, im Licht der mittelalterlichen (Natur-)Wissenschaft durchaus als solide und als gesichert durch namhafte antike und orientalische Autoren, so z. B. die Säftelehre (s. unten S. 62 f.) und die Einbeziehung der Astrologie in fast alle Lebensbereiche, vor allem der Medizin. Aber nicht alles Überständige, das sich in der Theorienbildung überlebt hat und von der Wissenschaft nicht mehr akzeptiert wird, kann heute magisch genannt werden. Sprach man nach der Mitte des 19. Jh.s von einem alles durchdringenden Welt- oder Lichtäther, so befand man sich auf der Höhe der damaligen Physik. Nachdem der Michelson-Versuch 1881 jedoch die Haltlosigkeit dieser Annahme erwiesen hat, stünde heute ein Verfechter der Weltätherlehre zwar im Rufe der Ignoranz und Rückständigkeit, nicht aber im Verdacht magischen Denkens. In diesen geriete er erst, wenn er die sogenannte «Aura» einer Person mit Hilfe des Lichtäthers erklären wollte. Dem würde er sich aber auch aussetzen, wenn er sie auf Röntgenstrahlen zurückführen oder mittels der Quantentheorie deuten wollte. Ausschlaggebend ist also nicht so sehr das Veraltetsein einer Theorie als die Unangemessenheit, wenn die erwähnten Erkenntnisinstrumente der modernen Naturwissenschaft vernachlässigt worden sind. Könnte aber die Aura wirklich nachgewiesen und etwa mittels der Quantentheorie in Experimentalreihen gedeutet werden, so hätte wohl auch die moderne Physik wenig gegen eine solche nobelpreisverdächtige Forschung einzuwenden.

Der Nähe zur Naturwissenschaft, in deren Vor- und Hinterhof sich die Magie aufhält, trägt auch die wichtige Darstellung der Geschichte der Naturwissenschaft von Lynn Thorndike Rechnung, der sein epochemachendes Monumentalwerk nicht zufällig «A History of Magic and Experimental Science» genannt hat. Dabei ist wichtig, daß die Bruchlinie zwischen Magie und Naturwissenschaft nicht etwa mit dem sogenannten Ende des Mittelalters (um 1500) zusammenfällt, sondern wesentlich später verläuft. Ohnedies wird diese kanonische Grenzziehung der Epochen in Theorie und Praxis heute nicht selten über Bord geworfen.

Im Rechtswesen ist das Verhältnis von Wissenschaft und Religion komplizierter. Denn hier wurden oft magische Verfahren, vor allem bei den verschiedenen Formen des Gottesurteils (aengl., engl. *ordal* < westgerm. **urdail* ‹Urteil›) von der offiziellen staatlichen Rechtspflege angewandt, obwohl die Kirche sich eher distanzierte. Bei der Wasserprobe etwa ging der Proband unter, wenn er unschuldig war. Das reine Wasser, mit dem er durch die Taufe verbunden war, hatte ihn dann angenommen. Ging er aber nicht unter, so wies ihn das reine Wasser zurück, weil er schuldig war. (Im alten Babylon verlief die Wasserprobe genau umgekehrt.) Die Kirche verbot seit dem IV. Laterankonzil (1213–1215) alle Arten von Gottesurteilen, ebenso das weltliche Recht Friedrichs II. in den Konstitutionen von Melfi 1231. Dennoch gingen manche dieser Verfahren in den Volksrechten und Weistümern bis zum Ende des Mittelalters weiter. Im Allgemeinen wurden die magischen Verfahren als Instrument der Rechtsfindung durch die Folter ersetzt.

Ein weiterer Archaismus im Rechtswesen ist der Schwur, eine Selbstverfluchung für den Fall der Unwahrheit, die letztlich auf dem magischen Glauben an die Macht des Wortes (s. unten S. 29–31) beruht. Damit nun das «So wahr mir Gott helfe» auch für einen Atheisten nicht zur leeren Floskel verkommt, verhängt der Staat bei Meineid hohe Sanktionen – auch dies ein Beispiel für das Auseinanderklaffen von magischen Vorstellungen und Lebenspraxis. Aus dem alten Irland kennen wir dagegen die Überzeugung, daß sich beim Aussprechen einer Unwahrheit das eigene Schwert gegen den Lügner erheben werde.

II. Die dem Aberglauben und der Magie zugrundeliegenden Denkmuster

Diese Momente sind freilich nicht allein auf die Magie beschränkt, sie bilden auch wichtige Elemente des religiösen Denkens. Sie wirken ansatzweise zu allen Zeiten, sind uns auch heute im Alltag nicht fremd und bleiben selbst für den aufgeklärten Wissenschaftler immer noch nachvollziehbar. Um dies zu veranschaulichen, werde ich mich hier nicht auf Beispiele aus der mittelalterlichen Magie beschränken. Ich werde sie vielmehr teilweise unserem Alltag entnehmen und gerade solche, die für den einen noch unverfänglich im Vorhof der Magie stehen, für den andern schon in diese hineinreichen. Die Zuordnung zur Magie verdankt sich ihren Denkmustern, die von der Wissenschaft grundsätzlich verworfen, vom Alltagsverstand kritisch gesehen und von der Theologie in ihrer jeweils bestimmten Ausformung zurückgewiesen werden.

1) Der unzulässig hergestellte Kausalzusammenhang

Auch das magische Denken geht von Kausalität aus, freilich auch von Pseudokausalität, die durch nicht gerechtfertigte Verbindungen vereinzelter und auffälliger Daten zustande kommt. Um diesen Satz zu veranschaulichen, stelle man sich vor, ich würde jetzt von irgendeiner Katastrophe erzählen und eine solche würde sich währenddessen in nächster Umgebung ereignen. Wäre man da nicht geneigt, anzunehmen, ich hätte sie verursacht, durch «Verschreien» heraufbeschworen? Hätte sich das Unglück zeitgleich, aber in weiter Ferne zugetragen, so spräche man wohl nur von bloßem – bestenfalls einem «merkwürdigen» – Zufall. Verwandt ist die Vorstellung, bestimmte Theaterstücke wie Shakespeares «Macbeth» oder Jacques Offenbachs «Les contes d'Hoffmann» brächten bei der Aufführung Unglück, weil sie einmal mit Unglücksfällen verbunden waren: Bei «Macbeth» kam es 1849 zu dem «Ascot Place Riot» in New York, bei «Hoffmanns Erzählungen» 1881 zum Ringtheaterbrand in Wien. Im Zusammenhang damit schrieb man in Wien Jacques Offenbach einst sogar den «Bösen Blick» zu.

2) Die «Beseelung» des Nicht-Beseelten und Nicht-Anthropomorphen

Wirft man eine Münze auf, so ist die Wahrscheinlichkeit, daß entweder Avers oder Revers sichtbar ist («Kopf oder Zahl»), natürlich 50%. Nehmen wir aber nun an, man hätte schon 100 mal aufgeworfen und die Münze wäre immer auf dieselbe Seite gefallen, so würde man «natürlich» erwarten, daß nun die Wahrscheinlichkeit, auf der anderen Seite zu landen, exorbitant gestiegen sei, obwohl bei nüchterner Überlegung einsichtig ist, daß bei jedem neuen Wurf die gleiche Wahrscheinlichkeit von 50% besteht. Die einzelnen Aufwurfexperimente bilden keine «Geschichte». Bei manch einem mag die Vorstellung entstehen, ein «gerechtes Schicksal» sei es uns eigentlich schuldig, die Münze einmal auf die andere Seite fallen zu lassen. Kommt dies nicht bei jedem Glücksspiel zum Ausdruck? Faktisch haben wir aber den Zufall anthropomorphisiert und mit menschlichen Qualitäten wie «Gerechtigkeitssinn» und «Fairness» ausgestattet. So kommt es leicht zur Personifikation, wenn z.B. der Würfel als Täter angesehen wird.

Dem läßt sich als Beleg aus dem Mittelalter die köstliche Schilderung von der Behandlung des Würfels im «Jüngling», einem pädagogischen Werk des späten 13. Jahrhunderts, an die Seite stellen (387 ff.), in dem Konrad von Haslau sagt, er habe gesehen, wie man einen gewinnbringenden Würfel küßte, streichelte und lobte. Aber er habe auch die Schmach des Würfels mitansehen müssen: «Einer ... schüttelte ihn so, daß er wahnsinnig geworden wäre, wäre er lebendig gewesen. Ja, er kann seinen Zorn nicht beherrschen und bindet den Würfel in seinen langen sackartigen Ärmel und schlägt ihn gegen den Tisch ... Ein anderer kratzt dem Würfel die Augen aus, zerbeißt ihn oder zerschlägt ihn mit einem Stein. Was doch das arme Knochending alles mitmachen muß!»

Die «Beseelung» eines Gegenstandes ist vielleicht auch das Grundprinzip der modernen Homöopathie, soweit es bei ihr auf die extreme Verdünnung einer für wirksam gehaltenen Substanz ankommt. Die magische Kraft, also der «Geist» oder die «Seele» des berühmten «lebendigen Granderwassers», läßt sich auf jedes vorbeifließende Wasser übertragen, ohne daß die beiden Flüssigkeiten in unmittelbaren Kontakt miteinander kämen.

Auch sonst kann der Anthropomorphismus an der Schwelle zur Magie stehen. In der «Nabatäischen Landwirtschaft» (*Falaha Nabatiya*), einer arabischen Fälschung des 10. Jahrhunderts von Ibn Wahshîja auf älterer Grundlage im Zauberbuch *Picatrix*, werden Obstbäume gewissermaßen nach Art der menschlichen Vereinigung «verkuppelt», um sie fruchtbar zu machen. Damit lassen sich die aus demselben Grund durchgeführten Baumhochzeiten (gewöhnlich zwischen Mango und Tamarinde) in Indien (Frazer II, 25 ff., 100) vergleichen, aber auch ein Brauch in der süditalienischen Landschaft Basilicata, wo in der kleinen Stadt Accetura alljährlich zu Pfingsten eine Baumhochzeit («Maggio di Accetura») durchgeführt wird. Dabei «vermählt» man einen den weiblichen Partner repräsentierenden Baum (etwa eine Stechpalme) mit einem «männlichen» Baum (etwa einem starken Eichenstamm).

Gehört nicht auch der im Mittelalter öfter belegte Prozeß gegen Tiere hieher, z. B. gegen wild gewordene Haustiere, an denen auch reguläre und rituelle Todesstrafen vollzogen wurden? Besonders kurios sind Prozesse gegen schädliche Insekten wie Stechmücken oder Heuschrecken. 1478 leiteten die Berner Bürger ein Gerichtsverfahren gegen Engerlinge ein, die tatsächlich einen menschlichen Rechtsbeistand erhielten, der sie verteidigte (Dinzelbacher [2006]). Als Strafe wurde in diesen Schädlingsprozessen meist ein allgemeiner Bann ausgesprochen. Das war wohl nicht nur Rechtsformalismus. Vermutlich hoffte man auf eine magische Wirkung.

Nicht zu trennen von diesem Prinzip ist die Vorstellung von der Beseeltheit auch der Dinge, wie sie dem Märchen ganz geläufig ist (etwa der antwortende Spiegel in «Schneewittchen»). Um aus der Fülle der Beispiele einige zu nennen, sei noch die verbreitete Dämonologie der Alltagsgegenstände erwähnt (sich versteckende Brillen etc. als «Tücke des Objekts»), etwa in dem humoristischen Roman «Auch einer» (1879) des Linkshegelianers Fr. Th. Vischer, die durchaus als ethnologische Konstante zu werten ist und sowohl in den «Cheshire Cats» des Latènekunsthandwerks erscheint als auch im «Tierstil» der Wikingerzeit Parallelen haben dürfte (Birkhan [2008]).

3) Die Wirkung durch Ähnlichkeit – ‹Ähnliches durch Ähnliches› (*similia similibus*)

Die Magie bedient sich der Vermittlung durch ein Zeichen, das in einem gewissen Ähnlichkeitsverhältnis zu dem Objekt steht, auf das es sich beziehen soll: Jemandem ein Messer schenken, bedeutet, die Freundschaft zu zerschneiden. Die Willkür der Ähnlichkeit zeigt sich darin, daß das Verschenken einer Schere meines Wissens nicht so verstanden wird. Von besonderer Bedeutung in der Ähnlichkeitsmagie sind natürlich ähnliche Bilder und Figuren. Wir werden solche etwa im *Atzmann*-Zauber (s. unten S. 136) und sonst noch kennenlernen. Wünscht eine Frau einen Knaben zu empfangen, so muß sie während des Coitus die Hand geschlossen halten und erst nach der Ejakulation öffnen: Der Uterus wird also mit der Faust verglichen (Des Kunckels ... Evangelia, 129). Das Ähnlichkeitsprinzip ist aber auch von zentraler Bedeutung für die mittelalterliche Wissenschaft (besonders die Medizin mit ihrer «Signaturenlehre»; s. unten S. 64 f.): Die hirnartig aussehende Walnuß ist gut für das Gehirn. Dem genauen Wortverständnis nach nennt man diese Beziehung auch «homöopathisch» (eigentlich: ‹Ähnliches erleidend› zu griech. *homoíos* ‹ähnlich›). Davon unterschieden ist die Bedeutung des Wortes in der modernen Homöopathie (s. oben zu Prinzip [2]).

Ich vermute, daß wir einer «materialsubstituierenden» Ähnlichkeitsmagie das Wort *Zauber*: urgerm. **taubra* und **taufra* verdanken. Es bezeichnete ursprünglich einen roten Farbstoff, wie Minium oder Rötel, die beide das aengl. Wort *teafor* glossiert. Die roten Mineralien standen wieder stellvertretend für Blut, das als Träger der Lebenskraft überall in Magie und Kult eine bedeutende Rolle spielt.

Unentbehrlich ist die Ähnlichkeitsmagie im Blick auf die Mondphasen. Alles, was zunehmen soll, muß bei zunehmendem, was abnehmen soll, bei abnehmendem Mond verrichtet werden. Bei zunehmendem Mond wird gepflanzt, bei abnehmendem Mond werden Warzen behandelt. Es gibt freilich Gärtner, die darauf schwören, daß der zunehmende Mond jene fördernde Wirkung habe, es wird jedoch kaum Ärzte geben, die Krebsoperationen nur bei abnehmendem Mond durchführen. Das Beispiel zeigt das Dilemma, in dem sich der Aberglaubensforscher ständig befindet, denn immer wird er Personen treffen, die das eine oder andere nicht für Aberglaube, sondern für gesichert halten, die Praxis daher nicht für Magie.[1] Angenommen, der Mond übe tatsächlich jene positive Wirkung auf das Pflanzenwachstum aus, so dient diese Beobachtung als Folie für weitergehende homöopathische Verfahren, wie etwa im Folgenden Fall: In Südtirol gab es um 1400 die magische Praxis, bei Neumond Silber und Gold hervorzuholen und unter freiem Himmel aufzulegen. Offenbar hoffte man, der zunehmende Mond werde auch die Edelmetalle wachsen lassen (Vintler 7827 ff.; ähnlich RPh 107).

Die Vorstellung, die Mondphase bestimme den Kampfausgang, geht schon in das Altertum zurück. Doch hier bestand sie auf religiöser Basis, ist also nicht ohne weiteres als Aberglaube einzustufen: Im Jahr 58 v. Chr. findet die kriegerische Auseinandersetzung Caesars mit dem Suebenführer Ariovist statt. Doch dieser zögert, auf die von Caesar angebotene Schlacht einzugehen, denn bei den Germanen bestand der Brauch, daß die Ehefrauen auf Grund mantischer Erwägungen entschieden, ob eine Schlacht zu einem bestimmten Zeitpunkt ratsam sei. Diese aber hätten erklärt, die Germanen würden nicht siegen, wenn sie vor Neumond kämpften (de bello Gallico I, 50). Es bestand ein *impedimentum lunae* ‹Hindernis des Mondes›, wie das die gelehrte Magie nannte.

Siegen heißt ja auch zunehmen, der abnehmende Mond aber verhinderte dies nach Meinung der Germaninnen offenbar. Hätten die Römer diese Einstellung geteilt, so hätten Entscheidungsschlachten überhaupt nur bei zunehmendem Mond stattfinden dürfen und jede Partei hätte die homöopathische Wirkung des Mondes für sich beansprucht, oder aber man hätte bei abnehmendem Mond gekämpft wie die Lakedämonier und einen Zusammenhang mit der Niederlage der Feinde hergestellt. Möglicherweise dachten auch die Römer so und siegten eben «wegen» des abnehmenden Mondes.

4) Das Prinzip des *in illo tempore* (‹in jener Zeit›), also: «wie einst so jetzt»

Die Wendung *in illo tempore* entstammt letztlich den Evangelien, deren Berichte gelegentlich mit Angaben wie «in jener Zeit ...» beginnen (z. B. Mt. 12, 1; 14, 1), die in der liturgischen Lesung verallgemeinert wurden. Mircea Eliade (40) hat dann *in illo tempore* zur Bezeichnung einer sakralen Zeit eingeführt, in der ein ritueller Archetypus als «erste Erscheinung der heiligen Zeit» entstand, der dann später Repräsentant einer Kulthandlung wird. Im Christentum gilt das etwa von der Stiftung der Sakramente, die im Anschluß an die «Herrenworte» (Mt. 26, 26–29) immer wieder nachvollzogen werden können wie die eucharistische Feier gemäß dem Bericht vom letzten Abendmahl.

Die Beziehung auf einen «primordialen» Zeitpunkt (im «mythischen» Anfang) findet sich im magischen Kontext nicht selten. Gute Beispiele liefern in der Verbalmagie schon die althochdeutschen Merseburger Zaubersprüche: Der erste betrifft – nach Klaus Düwel – eine Entbindung, nach sonst üblicher Auffassung Befreiung aus Gefangenschaft, auf der Folie des *in illo tempore* geschehenen Lösezaubers durch *dísir* (Fruchtbarkeitsgöttinnen). Mit dem zweiten soll ein verletztes Pferdebein in hocharchaischer Formelsprache – mit Bezug auf ein Ereignis *in illo tempore* – geheilt werden. Dabei wird für den Beschwörungsakt ein Verbum ahd. *biguol* verwendet, das etwa «magisch besingen» bedeutet haben muß, wie überhaupt die magischen Sprüche, Gebete und Beschwörungen oft mit verfremdeter Stimme getan werden. Das Verständnis des Textes ist an einigen Stellen nicht ganz leicht. Hier wird es genügen, sich auf das Wesentliche zu konzentrieren (Ahd. Lesebuch, XXXI, 1): Einst seien *Phol* und *Uuodan* in den Wald geritten. Da habe sich ein Pferd das Bein verrenkt und vier Göttinnen (*Sinthgunt*, *Sunna*, *Friia* und *Volla*) hätten es durch Wortzauber zu heilen versucht. Doch vergebens. Erst *Uuodan* konnte dann das Tier mit der bekannten, sinngemäß auch in anderen indogermanischen Sprachen geläufigen Formel *bēn zi bēna*, *bluot zi pluoda*, *lid zi geliden* ‹Bein zu Bein, Blut zu Blut, Glied zu Glied› heilen. Was *in illo tempore* geglückt ist, kann später unter Verwendung der richtigen Formel nachvollzogen werden.

Nach diesem Grundprinzip ist noch eine ganze Anzahl weiterer Segensformeln gefaßt, die zuletzt Verena Holzmann untersucht hat. In ihnen werden Jesus und andere heilige Personen als primordiale Helfer beschworen. So soll einst unser Herr (*ûse trohtin*) in einem ndt. Spruch die zerbrochenen Flossen eines Fischs im Wasser geheilt haben, ganz analog möge er nun ein lahmendes Pferd gesund machen. Besonders kühn und theologisch anfechtbar ist eine aus Trier überlieferte ndt. Parallele zu den Wunden Christi in einem Blutsegen: «Christus ward verwundet; da wurde er wieder heil und gesund, das Blut stockte: so mache es auch dieses Blut!»

5) Der Glaube an eine gewisse Vorbestimmtheit des Künftigen und deren Erkennbarkeit

Zumindest der Sternenaberglaube ist jedem heute noch ganz geläufig. Er hat uralte Wurzeln, auf die hier nicht einzugehen ist. Das Mittelalter, das schon terminologisch nicht zwischen Astronomie und Astrologie unterschied, glaubte auch «offiziell» daran, daß die irdischen Vorgänge in den siderischen Konstellationen und Abläufen ihr Pendant hätten. Wie wäre sonst der Stern von Bethlehem den Hirten und persischen «Magiern» (!), die wir «Drei Könige» nennen, erschienen? Demgemäß gab es ein heute verlorenes Wahrsagebuch, das sich «Buch der Heiligen Drei Könige» nannte (Rupprich, 360; Hartlieb, 50f.). Dieses Gestirn rechtfertigte den Sternenglauben, und da man das Leben Jesu kannte, war die Erstellung seines Horoskops *ex eventu* eine methodisch gerechtfertigte, aber aus naheliegenden Gründen schwer durchführbare Aufgabe. Gleichzeitig widerspricht die Annahme astraler Vorbestimmtheit der Konzeption des freien Willens, denn was hätte z.B. Judas tun können, wenn der Verrat am Herrn bereits in seinem Horoskop vorgezeichnet war? Die Sterndeutung war dem Christen – und übrigens auch dem Moslem – nur als Interpretament des Gegenwärtigen, nicht aber als vor-urteilende («judiziarische») Erkenntnis des Künftigen erlaubt. Natürlich wurde dies nicht so streng eingehalten, denn man erwartete von den Gelehrten, daß sie Horoskope verfassen konnten. So stellte Agrippa von Nettesheim dem Dominikaner Petrus Lavinius einerseits das Horoskop, fügte aber im Begleitbrief wohlweislich hinzu, daß die judiziarische Astrologie unchristlich und leerer Aberglaube sei (Thorndike V, 131). Ganz ähnlich beteuert übrigens auch der arabische *Picatrix* (III, 8), daß die Gebete zu den Planetengeistern usw. Götzendienst seien und nur aus wissenschaftlichen Gründen gelehrt würden, und um dadurch die Überlegenheit des Islam zu erweisen.

Im Grunde geht es der Mantik als Weissagungskunst darum, daß die vorbestimmte Zukunft in einem Nachrichtenträger (dem Donner, einer Schüssel mit Wasser, einer Schrift, einem Schulterblatt usw.) latent vorhanden ist und durch einen bestimmten Code oder ein Entschlüsselungsverfahren manifest und lesbar gemacht werden kann. Das gilt natürlich auch für alle auch heute üblichen Verfahren wie Handlesekunst (Chiromantie), Kartenaufschlagen oder Kaffeesatzlesen.

Übrigens ist gerade im mantischen Bereich der Übergang zwischen ernstgenommenem Orakel, wie es in der Bibel (Mose Deut. 18, 10 f.) verworfen wird, und Gesellschaftsspiel fließend.

Dem letzteren nähert sich Konrad Bollstatter (um 1420 – um 1482) mit seinem «Losbuch». Es gibt auf 16 ewiggültige Fragen («Ob ein geliebter Mensch treu ist», «Ob man seine Schulden wird bezahlen können» ...) die Auskunft, man müsse die Augen zweier Würfel zusammenzählen und diese Zahl dann unter den Eintragungen auf den folgenden 12 Scheiben mit je 12 Sektoren aufsuchen. Dort wird man weiterverwiesen auf 16 Könige, die entweder direkt antworten oder auf die folgenden 16 Gruppen mit je 4 Figuren verweisen, wo die Antwort dann unter allen Umständen zu finden ist. Frage ich z. B.: «Ist mir meine Liebste treu» und würfle ich 3+4, so verweist mich die «Scheibe der Flüsse» auf den «König von Marokko», der mich zum Minnesänger und «großen Buhler» Wolfram von Eschenbach weiterschickt. Dieser antwortet: «Deine Liebste ist völlig unzuverlässig, und nicht erst seit heute.» Würfle ich 8, so schickt mich der «König von *Cecilja*» zum *Premberger* (dem Minnesinger Reinmar von Brennenberg), welcher die trostreiche Antwort gibt: «Deine Liebste ist treu, aber nicht dir, sondern einem andern»! Bollstatter verrät den jokosen Charakter des Orakelspiels durch seine beiläufige Bemerkung, wer sein Losbuch nicht so ganz ernst nähme, sei trotzdem ein guter Christ.

6) Der Glaube an die Existenz einer besonderen «Kraft» in Dingen und Lebewesen

Für diese Kraft besitzen die Religionen der Erde Bezeichnungen wie *orenda*, *mana*, *brahman*. Die Magie selbst verdankt dieser Vorstellung ihren Namen (apers. *magus* ‹Zauberer› zu aind. *maghá-* ‹*Macht*›, dt. ver-*mögen* ...).

Hier erlaube ich mir, ein autobiographisches Beispiel anzuführen: In unserem Garten hatten wir einen Geräteschuppen, in dem ich mich gerne gegen den Willen meiner Eltern aufhielt. Sie sperrten ihn daher ab, ließen aber den Schlüssel stecken, weil sie meinten, daß ich ohnedies noch zu klein sei, um selbst aufzusperren. Neben dem Schuppen wuchs ein Holunderstrauch, dessen schwarze Beeren ich immer schon haßte. Als ich wieder einmal aufzusperren versuchte und den Schlüssel nicht umdrehen konnte, wußte ich plötzlich, daß es gehen werde, wenn ich auch nur eine Holunderbeere esse. Genau so war es auch, und es ist mir noch mehrfach gelungen. Heute könnte ich zwei Erklärungen für meine Beerenmagie anbieten: Entweder schrieb ich den Holunderbeeren tatsächlich eine magische Kraftwirkung zu oder ich glaubte, daß die Kraft in mir selbst durch die Selbstüberwindung entstehe.

Träger besonderer «Lebenskraft» sind neben dem Atem u. a. die Körperflüssigkeiten des Menschen, insbesondere das Blut. Eine Reihe von Runeninschriften (darunter der Stein von Vetteland aus der Mitte des 4. Jh.s und der Stein von Rö; um 400) verwendet ein Verbum **faihjan* für das Auszeichnen der Runen mit vermutlich roter Farbe oder Blut und stellt die Verwendung des Rötels zu diesem Zweck damit in eine alte, bis in die Jungsteinzeit zurückreichende Tradition.

Am ausführlichsten ist hier der für die Magie so ergiebige Eggja-Stein (Sogndal, Westnorwegen; um 700), auf dem nach einer Deutung zu lesen ist, daß der Runenmeister den Stein, der nicht bei Neumond entblößt werden solle (!), mit Blut («Leichensee») übergossen und mit dem Lebenssaft auch die Dollen eines Bootes eingerieben habe (Düwel, 41). Die altnordische *Egils saga* erzählt: «Da zog Egil sein Messer und stach sich in die Hand; er nahm das Horn und ritzte Runen hinein und rieb das Blut darauf. Er sprach:

‹Runen ritz ich ins Horn hier,
röte mit Blut die Zeichen…›» (Düwel, 206).

Der Glaube an die orendistische Kraft äußert sich weltweit auch in «Hochreligionen» besonders im Reliquienkult und wird dann von den systeminternen Interpreten nicht als magisch angesehen. Ob es nun ein Körperteil eines Heiligen ist (das Blut Christi, die Muttermilch Mariens, ein Barthaar des Propheten) oder ein Gegenstand, der in seinem Besitz war oder mit ihm in Berührung kam (der ungenähte Rock Christi, der Stab des Mose, das Schwert des Propheten) oder auch die Fußspur (Christi, des Propheten oder des Buddha), immer überträgt die Berührung, ja sogar manchmal schon das Anschauen, einen Teil dieser Kraft auf den Gläubigen. Beim Beschaffen der Reliquien war man nicht immer zimperlich. Der hl. Elisabeth von Thüringen sollen auf dem Sterbelager, während sie noch lebte, von Fanatikern die Brustwarzen abgeschnitten worden sein.

Natürlich sollte die Reliquie nicht nur durch ihre übernatürliche Kraft wirken, sondern auch als Idee motivieren, etwa zum Glaubenskrieg oder zur politischen Aktion. Nach der Ermordung des österreichischen Bundeskanzlers Dollfuß 1934 verfertigte die «Vaterländische Front» Reliquienkapseln, in denen sich ein Fetzen vom blutigen Hemd des zum Märtyrer stilisierten Politikers befand. Um 1400 glaubte man in Tirol, «der Händedruck sei so beschaffen, daß er von dem einen besser sei als von dem andern» (Vintler 7764 ff.). Uns allen ist das Reliquienwesen in Verbindung mit Schlager-, Sport- oder Politstars durchaus geläufig und ebenso der Rummel um den Berührungskontakt mit als charismatisch geltenden Personen, wobei die magische Kraftauf- und -entladung geradezu zu Massenhysterien führen kann. Der umschwärmte Tiroler «Volksmusik»-Interpret Hansi Hinterseer kann angeblich magisch heilen.

7) Der Glaube an die unvermittelte Macht des Zeichens, insbesondere des Wortes

Besonders wichtig ist natürlich der Glaube an die Kraft des Wortes in Zauberspruch, Segen oder Fluch. Er wird heute u. a. in der merkwürdigen Erscheinung des Kettenbriefes sichtbar; so im «Chinesischen Gebot» [sic!], das ich mehrfach erhalten habe.

Der Brief behauptet, Glück zu bringen. In etwas verwirrter Reihenfolge erfahren wir, daß das Original (eine Art «heiliger Text», vergleichbar den «Himmelsbüchern») in den Niederlanden liege, am Ende erfährt man, daß das «Gebot» von einem «Missionar auf den Antillen» stamme. Es heißt: Das «Gebot» muß «um die Welt gehen». Wenn man den Brief innerhalb kurzer Zeit anonym weiterschicke, so dürfe man mit einem Glücksfall rechnen. Im Mittelteil des Briefes werden Exempla für das Wirken des «Gebotes» angeführt: Glück in der Lotterie, aber auch schreckliche Schicksalsschläge und Katastrophen, wenn die Weiterleitung verabsäumt wurde. Das Motiv des Briefverfassers, wenn er sein Tun ernstnahm, mochte seinen Grund im Bewußtsein magischer Macht haben, denn einen eigentlichen Vorteil hatte er nicht. Im Grunde ist es eine neuzeitliche Art von Fluch oder Segen, die den Empfängern willkürlich vor Augen gestellt werden.

Das Märchen beginnt gern mit den Worten «In der Zeit, in der das Wünschen noch geholfen hat...», und im Grunde will auch der Rationalist bisweilen, daß Wünsche und Flüche einfach in Erfüllung gehen: die von der Sprache entworfene Situation soll unmittelbare Wirkung zeitigen. Da heutzutage kaum mehr Segen und Flüche ernsthaft ausgesprochen werden, besteht eine Art «Bedarf» nach dem «wirkenden Wort».

Uns allen geläufig ist die Angst, etwas zu «verschreien», das adverbial gebrauchte *únberufen* und mit oder ohne Aufklopfen die Redewendung *toi-toi-toi*, die eigentlich ein apotropäisches (übelabwehrendes) Ausspucken bezeichnet. Dabei ist der Speichel Träger orendistischer unheilabwehrender Kraft; vgl. das angedeutete dreimalige Anspucken des Würfels, um einen guten Wurf zu erzielen.

Für das Thema der «gelehrten Magie», von der unten ausführlich zu reden sein wird, ist das verschriftete Wort besonders bedeutsam, damit schöpft die Magie einerseits aus antiker Gelehrsamkeit, andererseits aber aus dem Wissen, wie es die heiligen Bücher der Buchreligionen enthalten. So öffnet sich die Magie der jüdischen und christlichen Bibel und ihren apokryphen Schriften, den pseudo-mosaischen und -salomonischen Traktaten, aber auch der einschlägigen arabischen Literatur und indirekt auch den mythisch-magischen Lehren Ägyptens und der alten Sabäer, denen der Koran (II, 63) neben Muslimen, Juden und Christen den Status eines Volkes mit Buchreligion zubilligt.

In den Bereich der Wortmagie gehört nicht zuletzt auch der Namenzauber: Die Kenntnis seines Namens verleiht Macht über den Namensträger, wie das «Rumpelstiltzchen» (KHM 55) lehrt. Deswegen ist ganz allgemein die richtige Form der Engel- und Dämonennamen von größter Bedeutung, wie wir noch oft beobachten werden. In der Runenmagie pflegte man, offenbar um der «Tücke des Objekts» zuvorzukommen, die Gegenstände in kurioser Weise auf das zu verweisen, was sie sind, indem man etwa auf einen Kamm «Kamm» und auf einen Schemel «Schemel» schrieb.

Hiemit meine ich, einige jener Denk- und Handlungsmuster, die mir für die Magie wichtig scheinen, umrissen zu haben, auch wenn sie keineswegs auf diese beschränkt sind. Sie dürfen wohl als beständig in Zeit und Raum angesehen werden. Wenn ich mich im Folgenden auf die mittelalterliche Magie konzentriere, so muß ich, um die Fülle ihrer Konzeptionen zu veranschaulichen, mit der gelehrten Magie und ihren Distinktionen beginnen.

III. Magie der Gelehrten im Mittelalter und der Frühen Neuzeit

Gegenüber unserem heutigen Wortgebrauch hatte das Mittelalter noch andere Verwendungen des Wortes und Begriffes Magie, weil die Konnotation des Erstaunlichen und Wundersamen mit diesem Begriff verbunden war. So mußte sogar der hl. Augustinus einräumen, daß gewisse Dinge wundersame Fähigkeiten in sich tragen, ohne immer gleich von Dämonen besetzt zu sein. Dazu gehört etwa der Magnetismus, aber auch nach spätantiker und mittelalterlicher Überzeugung die Fähigkeit des Bocksblutes, selbst den härtesten Diamanten aufzulösen und andere erstaunliche Eigenschaften von Pflanzen und Tieren, wie sie vor allem die spätantik-mittelalterliche Naturkunde des «Physiologus» lehrt.

1) Beispiele «wissenschaftlicher Magie»

Demgemäß nahm man meist eine Dichotomie von *magia naturalis* (= *magia bona*) und *magia diabolica* (= *magia prava*) an. Das auch im Abendland wichtige arabische Zauberbuch *Picatrix* teilt dagegen die Magie in eine «theoretische» und eine «praktische», wobei erstere die Kenntnis der Himmel, besonders der Planetengötter, umfaßt, letztere die Anwendung der Einsichten auf die drei Naturreiche der Tiere, Pflanzen und Mineralien (I, 2). Andererseits heißt es dort auch, daß die Magie drei Ziele verfolge: die Herstellung von Talismanen, die Verehrung der Planeten und Beschwörungen

(II, 5). Ich konzentriere mich hier jedoch auf die christlich-abendländische Sichtweise.

In ihr konnte die «Natürliche Magie» (*magia naturalis*) zum Inbegriff aller positiven Wissenschaft schlechthin werden, wie der 23-jährige Heinrich Cornelius Agrippa von Nettesheim (1486–1535) in seinem berühmten *De occulta Philosophia siue de Magia Libri tres* ‹Drei Bücher über die geheime Philosophie oder Magie› (handschriftlich 1510, Erstdruck 1533) ausführte:

«Die magische Kunst verfügt über größte Macht, ist voll höchster Geheimnisse und umfaßt die tiefgründigste Betrachtung der geheimsten Dinge, die Natur, Potenz, Qualität, Substanz, die Kraft und die Erkenntnis der gesamten Natur. Sie lehrt uns, wie die Dinge untereinander verschieden sind und wodurch sie sich zusammenfinden, von da aus ihre wunderbare Wirkung hervorbringend ... Sie ist die vollkommenste, allerhöchste Wissenschaft, höher und heiliger als die Philosophie, sie ist letztlich die absolute Vollendung der edelsten Philosophie, da nämlich jede regelgerechte Philosophie in Physik, Mathematik und Theologie unterteilt ist. Die Physik lehrt die Natur dessen, was auf der Welt ist, seine Gründe, Wirkungen, Zeiten, Orte, Arten und Ende und erforscht dieses im Ganzen und im Einzelnen ... Die Mathematik lehrt uns die in die Ebene und die in drei Dimensionen ausgedehnte Natur erkennen, die Bewegung und den Gang der Himmelskörper zu betrachten ... Die Theologie ... lehrt, was Gott, der Menschengeist, der Intellekt, der Engel, auch der Dämon, was die Seele, die Religion, was die heiligen Einrichtungen, Riten, Heiligtümer und Gepflogenheiten sind und unterweist in den heiligen Geheimnissen ... Diese drei mächtigsten Wissenschaften umfaßt, vereint und verwaltet die Magie. Mit Recht haben sie daher die Alten als die höchste und heiligste Wissenschaft angesehen.» Nun folgt eine lange Reihe antiker Magier, darunter Zoroaster (Zarathustra) und Orpheus, aber auch Damigeron, Mercurius Trismegistus, Plotin, Apollonius von Tyana, Pythagoras, Empedocles, Democrit und Platon. Besondere Höhepunkte feierte die Magie bei Ägyptern, Syrern, Chaldäern und Juden. Hier ist zu erwähnen, daß Agrippa der erste Magietheoretiker war, der sich intensiv mit der Kabbala (s. unten S. 94 f.) auseinandersetzte. Der «Hebraismus» des Gelehrten tritt überall hervor.

Agrippa folgert: «Wer immer sich nun auf diese Studien einläßt, wenn er nicht in der Physik ausgebildet ist, in der die Eigenschaften der Dinge erklärt werden und in der die geheimen Eigenheiten eines jeden beliebigen Seienden aufgefunden werden, und wenn er kein Meister in der Mathematik ist, in der Erscheinung und den Gestalten der Sterne, von denen ja die sublime Kraft und die Eigenheit jeglichen Dinges abhängt, und wenn er nicht in der Theologie gelehrt ist, wo die immateriellen Substanzen offengelegt werden, die alles zuteilen und verwalten, dann wird er auch die Gesetze der Magie nicht verstehen können. ... denn es gibt kein wirklich magisches Werk, das diese drei Fächer nicht umfaßte» [Übersetzung: Birkhan].

Man kann geradezu feststellen, daß die Magie ein Lieblingskind der frühen Neuzeit war – gerade als sich die Hexenverfolgung auf dem Höhepunkt befand und der Frankfurter Drucker Siegmund Feyerabend 1569 und 1575 gesammelte Teufelsschriften als «Theatrum Diabolorum» herausbrachte –, aber was bei Agrippa als so prestigeträchtige Über-Wissenschaft angesehen wurde, war die (gute) *magia naturalis* (Thorndike V, 13). Das zeigt sich auch etwa 50 Jahre später, als der damals 15-jährige Giovanni Baptista Della Porta (1543–1615) eine Darstellung der *magia naturalis* schrieb, die in der zweiten Auflage (1589) ein sehr populäres «Haus-, Kunst- und Wunderbuch» wurde, das sowohl Experimente beschreibt als auch die «natürliche Magie» in der Medizin behandelt, 1715 ins Deutsche übersetzt und zum Vorbild aller «ergötzlichen Experimentierbücher» wurde.

Man teilte die «natürliche Magie» auch in eine *magia artificiosa* und eine *magia naturalis* (im engeren Sinn) ein. So etwa der *Tractatus magicus* des apulischen Philosophen und Aristotelesinterpreten Marcus Antonius Zimara (1460–1523), der zwar erst 1616 im Druck erschien, aber natürlich die Anschauungen aus Zimaras Lebenszeit wiedergibt, die auch noch im frühen 17. Jh. publikationswürdig waren. Die *magia artificiosa* konnte wieder in eine Trichotomie *magia praestigiatrix, magia mathematica* und eine *magia mechanica* aufgeteilt werden, wenn man in die «Magie» im heutigen Sinn illusionistische Tricks bzw. alles Erstaunenswerte und Wundersame mit einbezog:

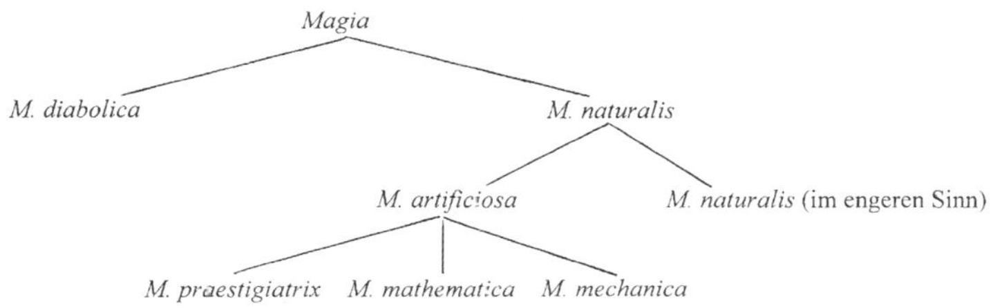

Zunächst werden wir uns der *M. naturalis* und ihren Erscheinungsformen zuwenden, die freilich immer wieder auch in die Nähe der *magia diabolica* geraten können.

Schon der Kirchenlehrer Hippolytus († um 236) hat mehrfach auf Betrügereien im Wahrsagewesen hingewiesen, die etwa durch verborgene Röhren, welche die Stimme geisterhaft hohl erscheinen ließen, ermöglicht wurden.[2] Ja, er versuchte sogar, auch Phänomene «diabolischer Magie» ihrer teuflischen Bezüge zu entkleiden und als physikalisch-mechanische Vorgänge herauszustellen. Der Teufel wirke dann nicht durch wirkliche Zauberei, sondern durch Zauberei vorspiegelnde Sinnestäuschung. Durchgesetzt hat sich dieser Rationalismus allerdings nicht.

a) Die magia praestigiatrix oder Taschenspielerkunst

Auch wenn man die Tricks der Taschenspieler und Gaukler durchschaute, etwas undefinierbar Bedenkliches hatte eine solche «Magie» für viele dennoch. Im *Elucidarium* des Honorius von Autun (ca. 1080 – ca. 1137) werden die Gaukler sogar als Gehilfen des Teufels gebrandmarkt. Das Ansehen dieser Künstler, die auf Jahrmärkten, aber auch an Höfen ihr Publikum in Erstaunen versetzten, war nicht gerade hoch. Sie zählten eben zu den Spielleuten und Spaßmachern (*histriones*, *ioculatores*), Narren und *Gäuchen*, wobei die letzterwähnte, vom Namen des Kuckucks (mhd. *gutzgouch*) abgeleitete Bezeichnung wohl auch mit ahd. *gougalōn* ‹gaukeln›, *gougal* ‹Narretei; Blendwerk› zu verbinden ist.

Das berühmteste literarische Zeugnis für die Trickmagie der Manipulation stammt von Walther von der Vogelweide (um 1200), der in einem bissigen Spruch (L 37, 34) die Unzuverlässigkeit der Herren mit den Tricks der Gaukler vergleicht. Diese fordern die Umstehenden auf, einen Hut aufzuheben, unter dem dann ein wilder Falke sitzt. Das nächste Mal ist es ein stolzer Pfau, dann wieder ein Wunderwesen aus dem Meer (*merwunder*), zuletzt ist es aber doch nur eine Krähe. Hier erwähnt Walther auch die *valschen gougelbühsen* des Gauklers, also das Behältnis mit den Zauberrequisiten. Ab und zu finden sich auch Abbildungen zur *magia praestitiatrix*. Sie belegen z. B. eine Variante des auch heute noch beliebten «Hütchenspiels». Ein vor 1500 entstandenes Gemälde von Hieronymus Bosch in Saint-Germain-en-Laye zeigt, wie ein Langfinger einem faszinierten

Zuschauer unbemerkt den Geldbeutel stiehlt. Der berühmte, immer noch verblüffende Trick des «magischen Krugs», aus dem der Zauberer ganz verschiedene Getränke ausfüllen kann, war bereits Heron von Alexandria geläufig, wie man aus den Beschreibungen in seinen *Pneumatica* ersehen kann (Thorndike I, 191). Richard Kieckhefer (91–94) verweist u. a. auf Thomas Betson, einen Mönch der Abtei Syon in Middlesex. Dieser notierte sich im späten 15. Jh. eine Reihe einschlägiger Tricks, etwa den einer sich scheinbar selbständig bewegenden Münze – die man mit Wachs an einem dünnen Frauenhaar befestigt hatte.

Man wagte sich auch an größere «Illusionen», worauf Christa Tuczay hingewiesen hat. 1272 führte ein Gaukler in Kreuznach einen Trick «Johannes der Täufer» vor. Dabei köpfte sich der Künstler selbst und legte sein Haupt in eine Schale. Von 1585 stammt das in Heidelberg erschienene Buch «Christlich Bedencken und Erinnerung von Zauberey», in dem Augustin Lerchheimer (Pseudonym für Herman[n]us Witekind) bereits Tricks der «Illusionsmagie» beschreibt. Etwa, wenn ein Gaukler ein Schwert verschlingt, einen anderen auffrißt, ihm den Kopf abhaut und wieder aufsetzt (vgl. unten S. 102). Doch diese Illusionen beruhten angeblich nicht nur auf Geschicklichkeit und Geschwindigkeit, sondern sollen tatsächlich nicht selten mit Hilfe des Bösen ausgeführt worden sein. Jedenfalls spielte die Massensuggestion eine große Rolle. Das Grimm-Märchen Nr. 149 («Der Hahnenbalken») erzählt von einem Zauberer, der einer großen Zuschauermenge vorgaukelte, daß ein Hahn einen gewaltigen Balken im Schnabel trage. Ein Mädchen jedoch, das gerade zuvor ein vierblättriges Kleeblatt gefunden hatte, war vor der Suggestion gefeit (vgl. auch Vintler, 7779 f.) und erkannte, daß der vermeintliche Balken nur ein Strohhalm war. Der Zauberer rächte sich später, indem er sie am Weg zu ihrer Hochzeit durch ein blaublühendes Flachsfeld führte, das sie in magischer Verblendung für Wasser hielt. Um es zu durchwaten, hob sie also ihr Kleid und wurde so zum Gespött und Ärgernis des Dorfes, aus dem man sie vertrieb (KHM III, 15 f., IV, 275–278). Dieser Zauber wird schon Heliodor im 8. Jh. zugeschrieben. In der orientalischen Tradition soll der Magier-König Salomon die Königin von Saba auf ähnliche Weise zum Aufheben ihrer Röcke bewogen haben.

Im Vergleich zur Illusionsmagie sind die *magia mathematica*, die *magia mechanica* und die *magia naturalis* im engeren Sinn weniger verfänglich, obwohl auch hier immer wieder durch Mißbrauch die Grenze zur *magia diabolica* überschritten werden kann.

b) Magia mathematica

Ein gutes Beispiel ist das «magische Quadrat» mit Zahlen und Buchstaben. Als Bildchiffre erscheint ein magisches Zahlenquadrat mit der Kantenlänge 4 und der Zeilen-, Kolonnen- und Diagonalsumme 34 z. B. in Dürers *Melencolia* (eigentlich *Melancholia imaginativa* als Haltung der Nachdenklichkeit etwa des Herrschers, nicht der melancholischen Trauer im heutigen Sinn):

16	3	2	13
5	10	11	8
9	6	7	12
4	15	14	1

Es wird von Aggripa dem *Iupiter* zugeschrieben und entstammt über lateinische Vermittlung dem arabischen Traktat «Buch der Anweisung des richtigen Platzes der Planeten» eines Pseudo-Az-Zarqālī (Sezgin, 40 f.). Die in «Sigillen» (magischen Siegeln) aus Metall eingearbeiteten magischen Quadrate und andere Schemata sollten den Träger unter den besonderen Schutz des jeweiligen Planetengottes stellen. Da die Zeichen der griech. und hebräischen Schrift zugleich als Zahlzeichen dienen, konnte der Zahlenwert auch in Sprache transponiert werden. Aus dem Jupiterquadrat der *Melencolia* ergaben sich für Agrippa folgende angeblich hebräische «göttliche Worte (Namen)» (*nomina divina*): *Abba, el Ab, Iohphiel, Hismaël.*[3]

Dagegen ist das folgende magische Buchstabenquadrat mit der Kantenlänge 5 bereits ein beliebtes Element der *magia diabolica.* Es hilft bei allen Widrigkeiten, insbesondere die Dämonen in Schach zu halten (Abraham XXX):

S A T O R
A R E P O
T E N E T
O P E R A
R O T A S

Im Gegensatz zu den allermeisten anderen magischen Wortquadraten besteht dieses aus einem vorwärts und rückwärts gelesen gleichlautenden Palindromsatz, dessen umstrittene Übersetzung so lauten könnte: ‹Der Sämann *Arepo* beherrscht Werke (und) Räder (oder: durch Räder)›. Es ist klar, daß sich um *Arepo* – die Umkehrung von *Opera* – als Dämonennamen kühne Spekulationen rankten. Immerhin taucht das magische Quadrat mit dem rätselhaften Sämann bereits zuerst als Graffito in Herculaneum 79 n. Chr., sodann in antiken Zauberpapyri im Sinne schützender Wortmagie auf (Dornseiff, 50, 56, 63, 79). Vom christlichen Standpunkt aus ist bemerkenswert, daß das zentrale Verbum *TENET* ein Kreuz bildet.

Vergleichbare, wenn auch oft weniger vollkommene Buchstabenquadrate bilden ein beliebtes magisches Mittel, sich überirdischer Helfer bei der Ausführung eines Wunsches zu versichern. Um sich bei einer Jungfrau beliebt zu machen – für verheiratete, verlobte oder verwitwete Frauen gelten andere Quadrate –, empfiehlt das einem jüdischen Kabbalisten Abraham von Würzburg zugeschriebene «Buch der Magie des Abramelin» das folgende, aus dem *SATOR-AREPO*-«Symbol» abgeleitete Quadrat (Abraham XXIX, 214, 216, 219):

S A L O M
A R E P O
L E M E L
O P E R A
M O L A S

Um alle Dinge der Vergangenheit und Zukunft im Allgemeinen zu wissen, gebrauche man das folgende (Abraham 165, 169):

M I L O N
I R A G O
L A M A L
O G A R I
N O L I M

Die Verwendung geht so vor sich: Man nehme das «Symbol» und lege es sich auf den Scheitel, unter den Hut oder die Kappe, worauf der Geist insgeheim alles beantworten wird, was man wissen will. Mathers, einer der großen Vermittler des Okkultismus mit weitreichendem Einfluß auf die mystisch-esoterischen Strömungen um 1900, warnt übrigens vor der «Automatik» bestimmter Quadrate (Abraham XXXVIII): Läßt man sie sorglos herumliegen, könnten sie empfindliche Personen, Kinder oder sogar Tiere gefährden!

Bezeichnenderweise bemühte er sich um die Deutung der einzelnen «Wörter» möglichst aus dem Hebräischen. Dieses galt seit alters – neben dem später aufkommenden «Henochischen» (s. unten S. 85–87) – als die Sprache Gottes und der Ureltern, aber auch die der Engel und Dämonen, eine *lingua franca*, um mit ihnen in der wissenschaftlich gefärbten, besonders aber der diabolischen Magie zu verkehren.

Nicht nur zu rein magischen Zwecken wird die Sprache «geometrisiert» bzw. in formal speziell zugerichteter Weise verwendet. Zu den erstaunlichsten Werken der Karolingerzeit zählen die 28 Figurengedichte in *De laudibus sanctae crucis* ‹Zum Lob des Heiligen Kreuzes› des Hrabanus Maurus (um 810). Dabei sind in die Hexameterdichtung Figuren eingezeichnet, deren Buchstabenfüllung wieder einen eigenen «inneren Text» bildet. Die Bilder selbst werden von der Kreuzesform beherrscht, so daß das christliche Heilszeichen bildlich, aber durch den Text in mehreren Ebenen auch sprachlich, das Werk mit seinem Segen durchdringt. Um sein eigenes Heil bittet Hrabanus durch das in sein eigenes am Altar stehendes Bild eingeschriebene Palindrom: *ORO TE RAMUS ARA SUMAR ET ORO* (etwa: ‹Ich Ramus [für *Hrabanus* ‹Rabe›] bitte dich, daß ich vom Altar genommen werde [bei der Erfüllung des Sakraments versterbe] und darum bitte ich›). Auch hier soll offenbar die formale Gestaltung in ihrer extremen Künstlichkeit eine besondere (quasi-magische) Heilswirkung entfalten, die jene des Wortes noch unterstützt. Das griech. Palindrom ΝΙΨΟΝ ΑΝΟΜΗΜΑΤΑ ΜΗ ΜΟΝΑΝ ΟΨΙΝ (nipson anomīmata mī monan opsin) ‹Wasche [meine] Sünden, nicht nur [mein] Antlitz› findet sich sowohl auf dem Taufbecken der Hagia Sophia als auch in westeuropäischen Kirchen wie St Mary in Hadleigh (Suffolk), St Mary and St Hugh in Harlow (Essex), St Peter and St Paul in Knapton (Norfolk), St Martin in Ludgate (London), Saint-Etienne d'Egres (Paris) und in der Abtei von Saint Menin (Orléans). Das Palindrom ist grundsätzlich auch für den Magier wichtig, weil es die Dämonen selbst dann zwingt, wenn sie auf semitische Art von rechts nach links lesen. Die Wort- und Namenmagie wird so voll wirksam.

Ein berühmtes, schon spätantikes Zauberwort, das auch eine Gottheit bezeichnete, die nach dem Gnostiker Basilides (ca. 2. Jh. n. Chr.) das höchste Urwesen war, dessen Emanation die fünf Urkräfte Geist, Wort, Vorsehung, Weisheit und Macht bildeten und als höchster Gott auch Jesus in die Welt entsandt hat, lautet *ABRAXAS* (ΑΒΡΑΞΑΣ aus älterem ΑΒΡΑΣΑΞ). An seinem Namen faszinierte, daß die Ziffernsumme der nach griechischem Verfahren mit Zahlenwerten versehenen Buchstaben 365 ergibt, die Zahl der Tage im Jahr und die Zahl der Äonen von je 1000 Jahren, welche die Welt existieren soll. *ABRAXAS* macht augenfällig, wie Dämonenglaube und magische Praxis mit Zahlenspielen der *magia mathematica* verbunden sein können. Die Darstellung des *ABRAXAS* mit Hahnenkopf auf einem menschlichen Rumpf mit Schlangenbeinen ist auf magischen Siegeln weitverbreitet. Sie bezeichnet Sieg und Glück und wurde viel als unheilabwehrendes Zeichen (Apotropaion) verwendet. In den Spekulationen in Hermann Hesses Roman «Demian» (1919) und in C. G. Jungs «Septem Sermones ad Mortuos» (‹Sieben Reden an die Toten›; 1916) nimmt der *Abraxas* einen großen Raum ein. Werner Egk nannte sein Faust-Ballett (1948), das sich auf eine Handlung von Heinrich Heine stützt und die Darstellung einer Schwarzen Messe enthält, «Abraxas».

Von *ABRAXAS* ist vielleicht auch die Zauberformel *abrakadabra* abgeleitet,[4] die bereits der Arzt Quintus Serenus

Sammonicus (um 200 n. Chr.) erwähnt. Man schreibt das Wort unter Weglassung des letzten Buchstaben so untereinander, daß nur noch *A* überbleibt:

ABRAKADABRA
ABRAKADABR
ABRAKADAB
ABRAKADA
ABRAKAD
...
A

So wie der Wortkörper schwindet, wird durch Analogiezauber auch die Krankheit vergehen. Eine jüdische Tradition weiß von einem Dämon *Schabriri*, der nachts denen, die Wasser trinken wollen, Würmer in den Krug setzt, die Erblindung bewirken können. Will man dennoch nachts trinken, so sage man zu sich selbst: «Du N. Sohn der N. (Name der Mutter), deine Mutter sagte zu dir: Nimm dich in acht vor dem

Schabriri
Briri
Iri
Ri
I.
...

Sobald der *Schabriri* einen Buchstaben nach dem anderen aus seinem Namen schwinden hört, packt ihn der Schrecken und er macht sich davon...» (Kanner, 22 f.).

Geistererscheinung im Puppentheater mittels Spiegelung

c) Die magia mechanica

Sie drückt sich in der sehr beliebten Vorstellung wundersamer Automaten aus. Diese wurden oft (angeblich oder wirklich) hydraulisch oder pneumatisch betrieben und bildeten in der Regel einen Vorgang der Natur ab. Zu den Glanzleistungen der mechanischen Magie gehörten aber auch Wunderwerke der Optik, wie sie da und dort in der Literatur auftauchen; z. B. in einer Wundersäule im «Parzival»

Wolframs von Eschenbach (589, 5–590, 16), die so kunstvoll konstruiert ist, daß man von ihr aus in alle Lande sieht – selbst der Meister *Jeômetras* (die «fleischgewordene» Geometrie) hätte solch ein Wunderwerk nicht erschaffen können – oder in der anonymen «Minneburg» (208–221) des 14. Jh.s. Schon Henrik van Veldeke hatte in seiner *Eneïde* im Grab des *Pallas* (220, 39 ff.) einen solchen Bau geschildert, den ein Spiegel krönte. Ein Hohlspiegel bzw. eine Linse konnten ein Bild entwerfen, eine Konstruktion, die letztlich zur *Camera obscura*, einem der Lieblingsspielzeuge des Barock, führte, die auch vom berühmten Jan Vermeer um 1660 zur Erzielung ungewöhnlicher Perspektiven genutzt worden sein soll. Spiegeleffekte verwendete noch das späte 19. Jh. zur Erscheinung von Geistern im Zauberstück.

Ein Lieblingsthema, um das die Phantasie kreiste, war der Magnetismus, über den Gudrun Th. Stecher eine interessante Monographie vorgelegt hat. Schon Plinius (nat. hist. 34, 14) weiß von dem Bauprojekt eines Tempels mit der schwebenden Eisenstatue der Königin *Arsinoë*, insbesondere aber meinte man, daß der Sarg oder eine Statue Mohammeds in dessen Grabmal durch Magneten am Schweben erhalten werde, wie man bei Alexander Neckam (183, 9 ff.) lesen kann. Besonders die Eigenheit des Magnetismus, Stoffe zu durchdringen und dann doch noch auf Eisen zu wirken, mußte größtes Erstaunen hervorrufen und konnte leicht dazu führen, dem Magneten eine große Bedeutung bei mechanischen Kunstwerken und in der *magia praestigiatrix* zuzuschreiben (Stecher, 96–103).

Die vollkommenste Form der Automaten verband man mit dem Orient, mit Byzanz und dem arabischen Raum, wo die antiken Kunstwerke des Mechanikers Philon von Byzanz (3/2. Jh. v. Chr.) und eines Heron von Alexandria (1. Jh. n. Chr.) nie in Vergessenheit geraten waren. Der letztere galt im Mittelalter als Druckluft- und Vakuumexperte, widmete das Buch *Catoptrica* den mit Spiegeln zu erzielenden Effekten (Thorndike I, 191–193) und verfaßte eine Monographie über den Bau mechanischer Theater. Im 9. Jh. entwickelten arabische Feinmechaniker die Automaten weiter, wie die Rezeption der *Automata* betitelten Schrift Herons beweist. Der byzantinische Kaiser Theophilos (829–42) ließ sich einen vergoldeten Wunderbaum mit künstlichen Vögeln herstellen, die ihrer jeweiligen Art gemäß sangen. Vielleicht ist es derselbe Automat, den dann etwa hundert Jahre später der kaiserliche Gesandte Liutprand von Cremona als einen Teil des «Salomonischen Thrones» schildert, der neben diesem Baum mit singenden Vögeln auch brüllende Löwen und andere sich bewegende Tiere enthielt. Durch diese Automaten sollte der Herrscher in seiner Allmacht, dem sogar wilde Tiere zu Gebote stehen, dargestellt werden. Die «mechanische Magie» machte es möglich. Automaten in der Gestalt goldener und silberner Wachhunde hatte schon Odysseus bei den Phaiaken kennengelernt (Od. 7, 91–94). Villard de Honnecourt skizzierte in seinem «Bauhüttenbuch» (etwa 1230–1235) einen Adler, der sich bei Verlesung des Evangeliums auf einen geheimen Pedaldruck des Priesters verneigte (Hahnloser, 33–37, Taf. 44).

Nach dem (gefälschten) Brief des «Priesters Johannes» (ca. 1165), der sich selbst weit über die Kaiser von Byzanz und des Reiches, aber auch den Papst, stellte, verband man auch den fernen Osten mit solchen technischen Wunderwerken, insbesondere nachdem Wilhelm von Rubruk am Hof des Mangu-Khan in Karakorum einen «Brunnenbaum» bewundert hatte, der Reiswein, Wein, Met und Stutenmilch spendete (Rubruk, 157–159). Die Idee des Weinbrunnens, die bis heute im Fastnachtsbrauchtum und bei Winzerfesten fortlebt, verbindet die Idee des Automaten, der das Erstaunlichste ermöglicht, mit denen des Karnevalistischen und des Schlaraffenlandes.

Auch die volkssprachliche Literatur assoziiert die Andere Welt, insbesondere des Orients, mit Automaten. So etwa in der Liebesgeschichte von Floris und Blancheflur, wo die Statuen der Liebenden durch pneumatischen Antrieb (den allerdings Vulcan selbst herstellte), sogar zu sprechen vermögen (MIGSN III, 241 f.). Oder im «Statuensaal» des französischen Tristanromans des Thomas von Bretagne (um 1170), in dem der minnekranke Tristan den gesamten kornischen Hof Markes mit der treuen Brangæne, dem verräterischen Zwerg und natürlich seiner geliebten Iseult durch kunstfertige Riesen als Automaten nachbauen läßt. Wie ausgefeilt diese Vorstellung in einem höfischen Abenteuerroman hervortreten kann, läßt sich der folgenden Passage aus dem «Apollonius» Heinrichs von Neustadt (um 1300) entnehmen:

«In der Mitte [eines viereckigen Hofes] stand ein Baum ... Er war aus Gold getrieben und etwa zwei Speerlängen hoch ... Auf dem Baum saßen Vöglein, die, auf vielfältige Weise aus Gold gefertigt ... waren... Das Laub des Baumes glänzte hell. Vier meisterlich angelegte Türen führten in den Baum hinein, auf denen sich viel edles Bildwerk, zahme und wilde Tiere, gegossen und getrieben, befand. An den vier Ecken der Mauer [des Hofes] standen vier starke barhäuptige Bauern, von denen jeder eine große Posaune in der Hand hielt, die er an den Mund gesetzt hatte. In das Geviert führten fünf Stufen. Als Candor die erste betrat, bliesen die vier Figuren die Posaunen. Das gab einen Schall, daß der umliegende Wald erbebte und die Tiere zum Leben erwachten. Sie ließen sanfte und grimmige Stimmen hören, die Hunde bellten, daß die Berge widerhallten. Auch der Kuckuck rief, und die Hähne krähten. Überall im Lande vernahm man den wundersamen Schall. Nun stieg Candor auf die nächste Stufe, da entfaltete sich der Baum, das goldfarbene Laub begann zu erklingen, als ob der Wind darin wehte, und klang und klang fort ...» (Apollonius, 212 f.).

Besondere Aufmerksamkeit widmete man anthropomorphen Automaten, besonders in zwei Varianten: als künstlicher Kopf und als Anthropoiden, dessen Herstellung gewissermaßen das Werk des Schöpfers nachvollzieht.

Die künstlichen Köpfe verwendete man zu Wahrsagezwecken und zur Erforschung alchemistischer Geheimnisse. In der niederländischen Lehrdichtung eines *Gratheus filius philosophi* wird die Herstellung eines *Aristoteles* genannten, wahrsagenden «pythischen» Hauptes (*caput phitonicum*) aus Gold durch *Vulcaen* berichtet, das alle Geheimnisse der Alchemie lehren konnte. Solch ein redendes Haupt sollen auch Albertus Magnus (1193–1280), Roger Bacon (1215–1294), der als bedeutendster Physiker des Mittelalters gilt, Guido Bonatti (Mitte 13. Jh.), der Erzzauberer Papst Silvester II. (Gerbert von Aurillac; 940/50–1003) und Robert Grosseteste (1175–1253), Bischof von Lincoln, besessen haben, um nur einige zu nennen. Albertus zitiert in seinem *Speculum astronomicum*, in dem sich eine ausführliche Polemik gegen magische Literatur findet, ein jetzt verlorenes, *De capite Saturni* ‹Der Kopf des Saturn› betiteltes Werk. Im Jahr 1323 fand unter Vorsitz des gefürchteten Bernard Gui (s. unten S. 161) in Toulouse ein Inquisitionsprozeß statt, in dem mehrere Kleriker und Laien angeklagt waren, aus Blei, dem Metall des Saturn (!), drei Köpfe gegossen zu haben, in der Erwartung, daß diese einmal im Monat alchemistische Wahrheiten von sich geben und verborgene Schätze weisen würden. Den bleiernen Häuptern war eine Art Skorpion eingeritzt, sowie Buchstaben, die wie *Rex Salomonis* aussahen, aber verkehrt standen, vielleicht weil man die rechtsläufige hebräische Schrift imitieren wollte. Die Köpfe redeten jedoch nicht, weil sie nicht unter der richtigen Sternkonstellation gegossen waren (Hansen, 447; Gratheus I, 293–307).

Ein von Roger Bacon angeblich aus Messing gegossenes Haupt *Brazenhead* spielt in der elisabethanischen Komödie

«Friar Bacon and Friar Bungay» von Robert Greene (1558–1592) eine wichtige Rolle. Der auch durch Zauberspiegel und andere Wunder als Obermagier gezeichnete Bacon gießt ein Haupt, welches raten soll, wie ganz England durch eine Messingmauer zu umgeben sei. Da Bacon aber ermüdet einschläft, gerät das Werk nicht so recht und verkündet nur die drei Sätze: «Time is. Time was. Time is past.» Darauf fällt das Haupt zu Boden und zerschellt. Die Zerstörung des künstlichen Hauptes wird auch sonst erzählt. So soll Thomas von Aquin (1224/5–1274) das von seinem Lehrer Albertus hergestellte Haupt zerschmettert haben, um dessen Geschnatter nicht anhören zu müssen (Gratheus I, 293 f.).

Albertus Magnus hat angeblich einen ganzen Menschen verfertigt, der mittels Gegengewichten und einem Räderwerk lebensecht gestaltet war und sogar reden konnte. Als der Student Thomas einst in einem Nebengemach, wo der Automat versteckt war, diesen sprechen hörte, zerschlug er das Kunstwerk vor Schreck mit einem Prügel. Als er den Schaden sah, brach Albertus in Klagen aus, sein Schüler habe das Werk von dreißig Jahren vernichtet. Er hatte nämlich die einzelnen Körperteile und Organe jeweils zur Zeit der für sie zuständigen Sternkonstellationen hergestellt und dafür dreißig Jahre gebraucht, weil diese Zeitspanne, nach der Jesus in die Öffentlichkeit trat, als das «vollkommene Lebensalter» (*aetas perfecta*) des Menschen galt (Maiolo I, 419).

Nicht verwandt, aber vergleichbar ist mit dieser Tradition die jüdische Sage vom *Golem*, die sich an die Gestalt des Prager Rabbiners Judah Löw (1525–1609) knüpft. Der Golem ist jedoch kein feinmechanisches Kunstwerk, sondern unter Beachtung kabbalistischer Prinzipien und unter deutlichem Anklang an die Erschaffung Adams aus Lehm gebildet. Es scheint für die jüdische Hochschätzung des Wortes charakteristisch, daß er durch ein «Wort des Lebens» belebt wird, selbst aber nicht sprechen kann.

In einen erstaunlichen Zusammenhang mit der mechanischen Magie wurde der Dichter Vergil (auch: *Virgil*) gebracht, der auch als Oheim des aus dem *Parzival* bekannten Zauberers *Clinschor* (*Klingsor*) galt. Wegen seiner angeblichen Prophezeiung der Geburt Christi in der IV. Ekloge der *Bucolica* genoß der römische Dichter (70–19 v. Chr.) außerordentliches Ansehen, das sich auch bei Dante Alighieri zeigt, der ihn zum Führer in seiner *Divina Commedia* machte. Wichtiger wurde Vergil dem Hochmittelalter als genialer Erfinder, Feinmechaniker und Alchemist. So schreibt ihm Johann von Salisbury um 1159 in seinem *Polycratius*, einem Lehrwerk über die Ethik des Regierens, die Erfindung einer mechanischen Fliege zu, durch die man der Fliegenplage in Neapel Herr geworden sei. Gervasius von Tilbury (ca. 1140 – ca. 1220) weiß in seinen *Otia imperialia*, den ‹Kaiserlichen Mußestunden›, auch von vergilianischen Erfindungen, die der Abwehr von Schlangen und anderem schadenbringendem Gezücht galten. Dabei ging es besonders um die Stadt Neapel, die Vergil übrigens auf drei Eiern – oder auch auf einem – erbaut haben soll, vermutlich eine Erinnerung an Bauopfer. Ein anderes Meisterwerk Vergils war die *Salvatio Romae*, ein Automat, der einen Palast darstellte, den hölzerne Statuen umstanden, welche die römischen Provinzen bezeichneten. Kam es in einer Provinz zu Unruhen, so läutete die sie repräsentierende Figur mit einer Glocke, worauf ein Reiterautomat erschien und mit einem Speer auf die Provinz zielte, zu der dann sogleich Truppen entsandt wurden. Diese zuerst von Alexander Neckam (1157–1217) erzählte Geschichte wurde später verschiedentlich ausgestaltet. So bläst bei Gervasius von Tilbury ein Bronzeautomat giftige Winde aus dem Vesuv hinweg, während der mittelhochdeutsche Abenteuerroman «Reinfried von Braunschweig» automatische Wächterfiguren kennt, die das Grab des Zauberers Savilon im Magnetberg bewachen (Stecher, 2–41), das dann in die Macht Vergils gerät (V. 21 150–21 714). Es wäre erstaunlich, wenn Vergil nicht auch einen Spiegelautomaten geschaffen hätte. Er glich dem Leuchtturm von Alexandria und meldete den Römern, sobald ein Fremder sich in feindseliger Absicht näherte.

Gervasius berichtet, daß ein Engländer das Grab Vergils aufgefunden habe. Der Schädel des Dichters sei auf einer Handschrift der *Ars notoria* (s. unten S. 80 f.) gelegen, die der Finder an sich gebracht habe. Das Buch habe wichtige Experimente enthalten, die Gervasius selbst versuchte, wobei sich die Angaben des Buches als höchst wertvoll erwiesen (Stellen bei Tuczay, 202–212). Damit sind wir wieder von der «harmlosen» mathematischen und mechanischen Magie zur *magia diabolica* oder *daemoniaca* gewechselt, zu deren wichtigsten Werken Marcus Antonius Zimara ja gerade die *Ars notoria* zählte (Zimara, 9). Auch Roger Bacon wetterte gegen die fälschlich Salomon zugeschriebenen Werke wie die *Ars notoria*, die man auch für solche Adams, Moses, Aristoteles' und Hermes' ausgebe, die aber doch nur die lügenhaften Werke «falscher Mathematiker» und Dämonen seien (Gratheus I, 55). Wir werden uns solchen Werken weiter unten zuwenden (s. S. 79–94).

d) «Natürliche Magie» (magia naturalis)

Diese lag Experimenten zugrunde, die u. a. mit Salomons Namen verbunden waren. Sie werden in einer Hs. des 14. Jh.s als *Jocalia Salomonis* ‹Ergötzliche Experimente Salomons› bezeichnet. Wir kennen sie z. B. auch aus der Hs. Sloane 121 (15/16. Jh) des BM als «Experimente, die König Salomon aus Liebe zu und auf Bitten einer hervorragenden Königin zusammenstellte, und welche ‹Experimente der Natur› sind» (Gratheus I, 347 f.), sozusagen die Vorläufer der *magia naturalis* des Giovanni Baptista Della Porta. Mit der Bezeichnung *experimenta nature* soll der Verdacht zerstreut werden, daß sie der *magia diabolica* angehören könnten. Die Anweisungen lehren etwa, wie man eine Kerze unter Wasser brennen lassen kann, wie man einen Docht am Mund eines gemalten Gesichts entzündet, bei Tag die Sterne sieht, ein brennendes Feuer im Schoß zu tragen vermag oder wie Salomon, um die Beine der Königin von Saba[5] zu enthaaren, ein Enthaarungsmittel aus Arsenik und ungelöschtem Kalk herstellte. Andere Experimente sollen Fliegen vertreiben oder Frösche verstummen lassen. Ganz wie Gervasius von Tilbury, der ja die vergilianischen Experimente nachgemacht haben will, behauptet auch der Autor des Textes von Sloane 121, der sich *expertus* nennt, die Experimente in Paris selbst ausprobiert zu haben (Gratheus I, 348).

In der Neuzeit wird dann die Unbedenklichkeit dieser *magia naturalis* hervorgehoben, etwa in der Salomon-Monographie des gelehrten Jesuiten Juan de Pineda (1613), der meint, daß die durch des Königs Kompetenz erzielten Vorgänge zwar erstaunlich, aber immer noch natürlich seien, wenn sie auch jenen, die die Zusammenhänge nicht durchschauten, wundersam (*prestigiosa aut miraculosa*) erschienen. Das sei eben die der *magia naturalis* eigene Ratio. Auf diesem Gebiet habe auch der vielleicht berühmteste antike Magier Apollonius von Tyana geglänzt, aber Salomon habe ihn übertroffen. Auch William Johnson betont 1652 in seinem «Lexicon chymicum», daß diese «Kunst», die er auch *magia metaphysica* nennt, den Christen erlaubt sei. Da sie aber übernatürlich (*supernaturalis*) sei, könne sie bestimmte Geheimnisse enthüllen. Das war freilich das Wort eines Alchemisten (s. Gratheus I, 349).

Alchemie Unter «Alchemie» können wir zweierlei verstehen: eine «praktische Alchemie», die heute am ehesten unserer Chemie entspricht und z. B. die Herstellung von Email, künstlichen Edelsteinen, Feuervergoldung, bengalischem Feuer, Schießpulver, Lösungsmittel auf Säurebasis, künstlicher Färbung von Blumen, Behandlung von Wein, Destillation von Alkohol, Rezepten für Lebkuchen etc. lehrt. Ihr steht die «allegorische Alchemie» mit ihrer Suche nach dem «Stein der Weisen» (*Lapis philosophorum*) bzw. einem Allheilmittel (Panazee) gegenüber, das sowohl die Krankheiten der Menschen als auch der Metalle heilen kann.

Einer der Gründerväter der Alchemie, Zosimos von Panopolis (3. Jh. n. Chr.), behauptete, daß die alchemistischen und magischen Weisheiten den Lehren der gefallenen Engel entstammten, so habe auch Isis ihrem Sohn Horus mitgeteilt, was sie vom Engel *Amnael* erfahren habe (Thorndike I, 195 f.). Auch ein Autor mit dem sprechenden Namen «Guter Dämon» (*Agathodaimon*), ferner *Mose*, *Kleopatra* und eine *Maria* («die Jüdin») galten als wichtige Autoritäten, letztere als Erfinderin des Wasserbades, das bis heute durch seinen frz. Namen *bain Marie* an die mysteriöse Alchemistin erinnert.

In dieser Form der Alchemie und ihrer Praxis nahm und nimmt die Magie besonders breiten Raum ein. Das hängt einerseits mit dem ethischen Selbstverständnis des Alchemisten, andererseits dem Substitutionsprinzip, das seinen Arbeiten zugrundeliegt, zusammen.

Nach alchemistischer Lehre ist die Unvollkommenheit, durch die sich Metalle wie Blei, Eisen oder Kupfer von Gold unterscheiden, eine Art lepröser Krankheit, die der Sündenfall des Menschen verursacht hat. Wenn der Alchemist weniger vollkommene Substanzen in das vollkommene Gold transmutiert, so «heilt» er die Metalle und macht damit den Sündenfall in gewissem Maße wieder gut. Für diese quasigöttliche Handlung bedient er sich unterstützender Aktivitäten (z. B. auch der Musik) und beobachtet die «richtigen Sternkonstellationen», weil nach dem Satz der berühmten

Tabula smaragdina, welche das dem «Dreimalgroßen Hermes» (*Hermes Trismegistos*) zugeschriebene Grundwissen der Alchemie enthält, «das was unten ist, so ist, wie das, was oben ist» und umgekehrt (*quod est inferius est sicut quod est superius ...*).

Das Substitutionsprinzip äußert sich wieder in zwei verschiedenen Formen. Einmal, indem der Alchemist zur Geheimhaltung seines Verfahrens Deckwörter verwendet, die gerade das nicht meinen, was sie im üblichen Sprachgebrauch bezeichnen. Wenn also Alchemisten von «unserem Quecksilber» (*noster Mercurius*) sprechen, so ist damit keineswegs das Element Quecksilber (Hg) gemeint, sondern z. B. ein dunkles oder weißes Pulver. Das verleiht alchemistischen Aussagen eine gewisse «Privatheit», aber auch Unüberprüfbarkeit, die sie vor jeder Falsifizierung, dem Kriterium moderner Wissenschaft, feit (dazu Birkhan [1993], Birkhan [1994]). Zweitens, indem der Alchemist eine bestimmte Substanz verwendet, die stellvertretend für eine andere, schwer zugängliche, steht.

Die von mir erstmals edierten mittelniederländischen Traktate eines *Gratheus filius philosophi*, die ihr Wissen z. T. einem *Aristoteles* genannten künstlichen Haupt (dem *caput phitonicum*; s. oben) verdanken bzw. sich als «Weisheit Salomons» (*Sapientia Salomonis*) bezeichnen, lehren die Herstellung eines luft-, wasser- und feuerresistenten «hermetischen» (nach *Hermes Trismegistos*!) Verschlusses aus «philosophischem Lehm» (*lutum philosophicum*), indem die Elemente in die Verschlußmasse gebannt werden. Um dem als «Herrn Ignis» personifizierten Feuer widerstehen zu können, muß die Verschlußmasse, die natürlich am Himmel als «Lehmstern» (*Stella luti*) ihre Entsprechung hat – und in kruder Volksetymologie mit *Bethlehem* verbunden wird –, auch «feuriges Wesen» enthalten, um luftundurchlässig zu sein, auch Luft usw. Während das Feuer an einer Stelle (v. 265) leicht durch den «heißen» Pfeffer substituiert werden kann und an einer anderen Stelle durch das Rösten der Lutiermasse in sie eindringt (Herr Ignis, 143–157), muß der Alchemist bezüglich der Luft auf ein Hohlkugelweltbild in Eiform rekurrieren, in dem der Dotter der Erde, die Schale dem harten Firmament und das Eiklar der Luft entspricht, die verhindert, daß die Erde an das Firmament stößt. Das Element Luft wird also in Gestalt von Eiklar in die Lutiermasse gebannt (Gratheus I, 282–289).

Bemerkenswert ist aber auch die Personifikation, welche die Substanzen auf menschliche Art miteinander reden und handeln – etwa vor einander fliehen – läßt. Sie deutet auf ein «animistisches» Verständnis der Stoffe, Gefäße und Vorgänge. Die Verarbeitung des Bleis am Beginn des Prozesses wird nicht selten als Tötung und Zerstückelung eines alten Mannes dargestellt, worin sich antike Vorstellungen vom Gott *Saturnus* brechen. Die Verbindung der weiblichen und männlichen Substanzen, die dann zur Geburt des «jungen Philosophen» führt, wird als Coitus gedacht und oft so abgebildet, denn «die alchemistische Kunst imitiert in vielen Punkten die Natur» (*ars imitatur naturam in multis rebus*), wie der Araber *Geber* (Dschābir ibn Hayyān; 8. Jh. ?), eine der größten Autoritäten, in seinem *Testamentum* sagte (Geber, Propositio 69).

Es gehört zur theurgischen Praxis der allegorischen Alchemie, daß der Laborant sich verschiedener Verfahren bedient, um die Geister oder Seelen von Substanzen, Himmelskörpern, Feuern oder Gefäßen zu beschwören bzw. terrestrische oder siderische Einflüsse herbeizuzitieren. *Gratheus filius philosophi* spricht in diesem Zusammhang von *characteres, figuren, tekinen* (‹Zeichen›) und *coniuracien*. Gemeint sind Formen der Räucherung, Anrufung und Exorzismen, die sich bestimmter Zeichen, Buchstaben, monogrammartiger Graphen, kryptographischer Tabellen und ähnlicher Sinnzeichen bedienen, die wieder Substanzen, Weltrichtungen, Himmelsbilder und dergleichen wiedergeben. Eines der Schlüsselwerke dieser Form der Magie ist der umfangreiche, aus arabischer Überlieferung stammende Traktat *Picatrix*, dessen seltsamem Titel der entstellte Name des *Hippokrates* (s. unten S. 62) als *Bu(i)qrâtîs* zugrundeliegt.

Als Geheimzeichen chemischer Substanzen leben die «Charaktere» lange und vielfältig weiter. So gibt es für das Quecksilber 58 Symbole, von denen etwa 10 ein Kreuz mit einer darüberstehenden 8 zeigen (Gessmann, Taf. 47), das wohl aus dem Schlangenstab (*kerykeíon*) des Götterboten *Hermes-Mercurius* entstanden sein dürfte. Noch heute zeigt ein astrologisches Planetensymbol des Merkur die Verbindung des Zeichens für «weiblich» ♀ mit der darüberstehenden 8, denn in dem nach animalischen Begriffen gesehenen Geschlechtsleben der alchemistischen Substanzen spielt *Mercurius* («unser *Quecksilber*») die Rolle der Frau, *Sulfur* («unser *Schwefel*») die des Mannes.

So wie das Alphabet die Schrift konstituiert, so sind die ewigen Wahrheiten der Himmelsschrift durch Sterne, Schriftzeichen und Figuren bestimmt, «die den Sternen ähneln», wie Roger Bacon (*De secretis* 617 f.) sagte. Auch Agrippa von Nettesheim kannte eine *scriptura coelestis*, die jedoch auf hebräischen Schriftzeichen beruhte. Albertus Magnus berichtet in seinem Buch über die Metalle (*De rebus metallicis* II, 3, 5) von der Bedeutung von Bildern auf Steinen, so daß angeblich eine *figura* des Saturn auf einem Stein Reichtum, eine des Mercurius auf einem anderen Beredsamkeit und kaufmännisches Geschick bewirkte. Ich werde auf Talismane und Amulette noch zurückkommen (s. S. 143–145).

Die *coniuracien* sind Beschwörungen, um eine böse Wirkung abzuwehren oder eine gute herbeizuführen. Wenn nach gnostischer Lehre die Seele in den Himmel auffahren und an den von bösen Dämonen besetzten Archontenhäusern unbelästigt vorbeikommen will, so muß sie z. B. den Archonten des ersten Äons nach dem koptischen «Buch Jeû» mit den Worten *êaza zêôzaz zôzeôz* beschwören, wobei noch bestimmte Siegel und Zeichen («Charaktere») unterstützend wirken (Rudolph 186 ff.). Das in der Magie allgegenwärtige Wort *Dǟmon* (< griech. *daímōn*) bezeichnet diesen ja als «Zuteiler» des Schicksals. Ein besonderes Anliegen waren diese Beschwörungen mit Hilfe magischer Figuren, Zeichen und gebetsähnlichen Texten der dem Salomon zugeschriebenen *Sacratissima ars notoria*, wie sie etwa im lat. Ms. 7153 der BN aus dem 15. Jh. vorliegt (s. unten S. 81 f.). Wieweit sich diese Beschwörungen formalisierter oder gar künstlerischer Formen bedienten, bleibt offen: Melchior von Transsylvanien etwa gab dem alchemistischen Werk die «magisch»-liturgische Form einer Messe samt ihrer Musik (Van Lennep, 180; Gratheus I, 198 f., 312), was angesichts der Transsubstantiationslehre der Kirche nahe genug lag, denn der Vergleich des heilbringenden *Lapis* mit Christus drängte sich auf. Es wurde auch erwogen, ob die 50 alchemistischen Fugen in Michael Maiers *Atalanta fugiens* (1618) nicht als eine Art Beschwörung während kritischer Phasen der alchemistischen Arbeit gesungen wurden (oder werden sollten; Gratheus I, 312), so wie ja auch Heinrich Khunrath (1560–1605) viele Musikinstrumente in seine Darstellung eines Alchemistenlabors im *Amphitheatrum Sapientiae Aeternae* ‹Amphitheater ewiger Weisheit› (Hannover 1609) einbezieht (Birkhan [1994], 44), und Claudio Monteverdi (1567–1643), selbst praktizierender Alchemist, scheint mit seiner Musik am Hof der Gonzagas in Mantua die Experimente des Grafen unterstützt zu haben (Welker).

Mit der Einbeziehung von «Charakteren», «Zeichen», «Figuren» und «Beschwörungen» ist jedenfalls der Magie im Alchemistenlabor Tür und Tor geöffnet. Natürlich ist diese *magia metaphysica* nicht unbedingt mehr *magia naturalis* und in vielen Fällen, wie das Verdikt des Albertus oder Roger Bacons zeigt, bereits auf dem Weg zur, wenn nicht überhaupt schon, *magia diabolica*.

Medizin Auch in der mittelalterlichen Medizin spielt die *magia naturalis* eine beachtliche Rolle (Biedermann 1978). Einerseits stand sie der Alchemie nicht ganz fern, andererseits war sie vom Sternglauben der Astrologie nicht zu trennen. Die medizinische Behandlung richtete sich sowohl nach dem Sternbild (den Tierkreiszeichen, die wieder in 36 «Dekane» eingeteilt wurden) und dem Horoskop des Patienten, insbesondere den *paranatellonta* (der markanten Stellung von Sternen im Verhältnis zur Sonne), als auch nach den Sternkonstellationen zum Zeitpunkt der Behandlung. Doch wieder gilt: Nicht alles, was heute abergläubisch oder magisch anmutet, ist es nach der Einschätzung des Mittelalters gewesen.

Da es nach der mittelalterlichen Embryologie als ausgemacht galt, daß der Fötus in den zehn Mondmonaten seiner Menschwerdung der Reihe nach unter die Herrschaft aller sieben Planeten gerät, wobei manche Planeten ihren Einfluß sogar zweimal ausüben, und man annahm, daß gewisse Planeten für die Ausbildung bestimmter Organe zuständig seien (z. B. Venus für das Abdomen und die Geschlechtsteile), lag es nahe, Heilungen in diesem Bereich für leichter möglich zu halten, wenn Venus in starker Position stand, also im Osten in der Aszendenz oder möglichst im Zenith. Das galt übrigens auch für die zwölf Sternzeichen: Der Widder *besitzt das haubt vnd angesycht des menschens* ... der Schütze *die arß-backen mit seim* [sic!] *anhang*... (Indagine 46v). Selbstverständlich waren aber bestimmte Positionen der Gestirne auch für Hochzeiten der bestmögliche Zeitpunkt usw. Deswegen konnte auch das Planetenamulett einer «Venus-Sigille» über Generationen hinweg an Bräute weitervererbt werden.[6]

Es war vielfach *communis opinio*, daß der die Geburtsstunde beherrschende Planet auch für Neigung und Beruf des Kindes bestimmend sei. Mars in Aszendenz ließ einen Knaben zum Krieger – oder auch zum Fleischer – geeignet erscheinen, Jupiter zu einem Herrscher oder Richter, jedenfalls zu einem Menschen von großzügigem Charakter. Noch heute verwendet man das Wort *jovial* in diesem Zusammenhang. All das wurde als Wissenschaft gelehrt, erscheint in vielen Handschriften (z. B. als «Planetenkinder») und kann, so abergläubisch es uns heute anmuten mag, vom Standpunkt des mittelalterlichen Menschen kaum als Aberglaube verstanden worden sein, gehört aber in den Bereich der *magia naturalis.* Die dem *Hermes Trismegistos* oder einem Perserkönig *Kyranos* zugeschriebenen «Kiraniden» waren ein astrologisch-medizinisches Buch, das Petrus Hispanus (der spätere Papst Johannes XXI; 1210/20–1277) und der hochberühmte katalanische Mystiker und *Doctor illuminatus* Raymundus Lullus (ca. 1235 – 1316) bearbeiteten. Ein anderer bedeutender Astrologe, der vor allem mit der Theorie der zwölf Himmelshäuser arbeitete, war *Alcabitius* (Abd Al Aziz Al Kabisi, † 967 in Saragossa). Die zwölf gleichschenkeligen Dreiecke der Himmelshäuser waren «Leitbegriffen» zugeordnet, die man sich etwa mittels folgender Eselsbrücke merkte:

Es lebt[1]*/ Reich*[2]*/ Brůder*[3]*/ Vatter*[4]*/ Kynd*[5]
Kranck[6]*/ Haußfraw*[7]*/ alle Todts*[8] *gesynd/*
Vnd wandelt[9]*/auch mit Herrlicheit*[10]*/*
Hatt Glück[11]*/ wo Gfängknüß*[12] *nit bringt leidt.*

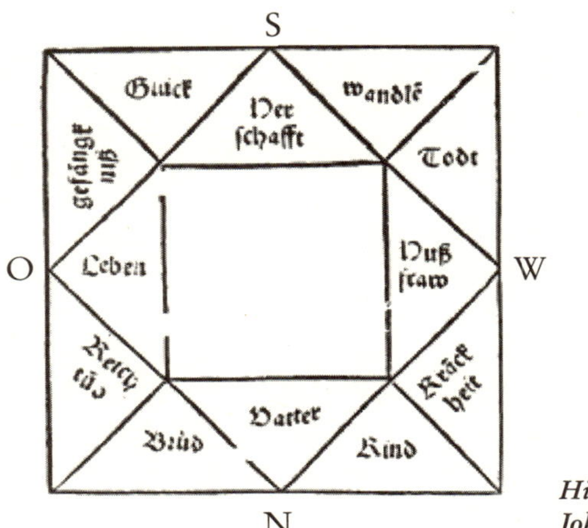

Himmelshäuser nach Johannes De Indagine

Auf einem «gesüdeten» (d. h. mit dem Süden nach oben liegenden) Himmelsquadrat dachte man sich von Osten ausgehend die erwähnten zwölf Themen gegen den Uhrzeigersinn, also in folgender Reihenfolge (s. das nachstehende Schema): (1) Leben, (2) Besitz und Reichtum, (3) «Wohnung der Brüder» als Verhältnis zu Geschwistern, (4) Beziehung zu den Eltern, (5) der Venus zugeordnet: die Kinder, (6) ein Haus des Mars, des Unglücks, der Krankheiten und auch des Gesindes, (7) dem Lebenshaus im Westen gegenüber das Haus der Heirat (*haußfraw*), aber auch der Feindschaften, (8) Tod, (9) ein Haus des Wanderns, der Pilgerschaft, der Geistlichkeit, im Schutz der Sonne, (10) in der «Himmelsmitte» das Haus der Herrschaft und des Regierens, (11) Glück im Zeichen Jupiters, (12) Gefangenschaft, dem Saturn zur Freude (De Indagine 45v).

Vielleicht stärker noch als in der Alchemie trat in der Medizin das Sympathieprinzip mit seinen analogischen Entsprechungen hervor. Albertus Magnus wird das Wort *similia similibus: natura gaudet suo simili* ‹die Natur erfreut sich an ihresgleichen› zugeschrieben (*De mirabilibus* 198). Dieses wichtige Denkschema wurde schon erwähnt. Ihm steht spiegelbildlich der Satz *natura naturam vincit* ‹die Natur überwindet die Natur› gegenüber, der immer dann in Anwendung kommt, wenn ein Gift durch ein Gegengift überwunden wird, was für die Herstellung des «Antidot» wichtig ist.

Das Sympathieprinzip steht hier in Zusammenhang mit der aus der Antike stammenden Säftelehre («Humoraltheorie»). Nachdem Empedokles die Welt auf die uns heute noch geläufigen vier Elemente zurückgeführt hatte, entwickelte ein gewisser Polybos die in das *Corpus Hippocraticum* des Hippokrates von Kos (460 – etwa 370 v. Chr.) aufgenommene Humoraltheorie, indem er den Elementen, Körpersäften und auch Jahreszeiten die Primärqualitäten «heiß-kalt, feucht-trocken» zuordnete, deren Intensität man später durch «Grade» von 1–3 abstufte. Soranos von Ephesus führte diese Theorie weiter, indem er die Körpersäfte mit Charaktereigenschaften zusammenbrachte, was letztlich folgende Typen ergab:

den «Choleriker» («warm-trocken» mit überwiegend: «gelber Galle», durch das Hauptorgan: «Leber», die Jahreszeit: «Sommer», das Element: «Feuer», das Sternzeichen: Widder, Löwe, Schütze bestimmt),

den «Phlegmatiker» («kalt-feucht»/ «Schleim»/ «Hirn»/ «Winter»/»Wasser»/ Krebs, Skorpion, Fische),

den «Melancholiker» («kalt-trocken»/ «schwarze Galle»/ «Milz»[7]/ «Herbst»/ «Erde»/ Stier, Jungfrau, Steinbock),

den «Sanguiniker» («warm-feucht»/ «Blut»/ «Herz»/ «Frühling»/ «Luft»/ Zwilling, Waage, Wassermann), der von allen die beste Disposition hat.

Die von Galenos von Pergamon (129–199 n. Chr.) noch verfeinerte Temperamentenlehre wurde in etwas vereinfachter Version dem Mittelalter durch Isidor von Sevilla (570–636) und Beda Venerabilis (680–735) bekannt. Sie lebte aber auch im Orient weiter, so bei den Persern Ali Abu Al Abbas (10. Jh.) und Ibn Sina (unserem *Avicenna*; 980–1037) sowie bei den arabischen Autoren Ibn Botlan (unserem *Abulcais*; gest. 1064) und Ibn Rusch (unserem *Averroes*; gest. 1162). Die orientalischen Autoritäten wurden von Persönlichkeiten wie Constantinus Africanus (um 1020–1087) und durch die Übersetzerschule von Toledo bei uns verbreitet, so daß dem Mittelalter diese griechische Theorie auf zwei Wegen bekannt wurde. Danach herrschte sie an den großen medizinischen Fakultäten wie Salerno und Montpellier. Die Zuordnung der Elemente, Körpersäfte und ihrer Organe, der Primärqualitäten, aber auch der Jahreszeiten und Planeten, ein unbestrittenes wissenschaftliches Glaubensgut, bildete man das ganze Mittelalter hindurch und bis in die frühe Neuzeit gerne nach dem Vorbild des Abulcais in seinem *Tacuinum sanitatis* (‹Gesundheitstabellen›) schematisch ab.

Aus der Erklärung der Komplexionen durch Mischungsverhältnis von Primärqualitäten und deren Zuordnung zu bestimmten Körperteilen, Krankheiten, Jahreszeiten usw. folgte, daß die Medizin (aber auch die Kochkunst) darauf zu achten hatte, daß keine Primärqualität überwog. Es ist verständlich, daß etwa der Aderlaß, der ja zu Blutverlust führt, in seiner Anwendung bei einem Melancholiker bedenklicher sein mußte als bei einem Sanguiniker, und im Winter gefährlicher als im Sommer. Deshalb gab es eigene Aderlaßbüchlein als theoretische und praktische Hilfe für den Bader, in denen die Körperorgane den Planeten, Zodiakalzeichen und Temperamenten zugeordnet sind. Da aber die Körpersäfte wesentlich durch die Nahrung mitbestimmt sind, war konsequenterweise darauf zu achten, daß die den Speisen zugeschriebenen Primärqualitäten jene des Essenden ausglichen und nicht etwa übermäßig steigerten. Darüber wachte ein Werk wie das um 1300 entstandene *Regimen sanitatis salernitanum* (‹Gesundheitsvorschrift aus Salerno›), das dem berühmten Arzt und Alchemisten Arnaldus von Villanova (ca. 1240 – 1311) zugeschrieben wurde.

So seltsam uns heute dieses Theoriengebilde anmutet, für das Mittelalter war es medizinische Wissenschaft, erst in der Neuzeit ist es obsolet geworden und darf daher nur als mittelalterliche «natürliche Magie» verstanden werden, während die Säfte- und Elementenlehre heute, da sie als Wissenschaft überlebt ist, zweifellos in den Bereich dessen gehört, was wir «magisch» nennen. Eine Grenze scheint der Illuminat und Theosoph Karl von Eckhartshausen (1752–1803) mit seinem Buch «Aufschlüsse zur Magie aus geprüften Erfahrungen» (München 1788) zu markieren, der an der Richtigkeit der mittelalterlichen Lehre festhält, aber sie schon (oder noch!) «Magie» nennt – ein Vorläufer moderner Esoteriker. Er ordnete den Temperamenten auch Musikinstrumente, griechische Tonarten und Tempi zu.

Pharmazie Dennoch gibt es auch eine breite Grenzzone, in der die mittelalterliche Heilkunde sich mit der Magie überschneidet und letztere sogar in die *magia diabolica* überzugehen droht. Das zeigt sich besonders in der Pharmakopöie, die auf der Kräutersammlung beruht. Besonders der Aristoteles-Schüler Theophrastos aus Lesbos (370–287 v. Chr.) widmete sich der pharmakologischen Pflanzenkunde. Aus der römischen Kaiserzeit stammt dann das berühmte Werk eines Pedanios Dioskurides, der im 1. Jh. als Militärarzt unter Claudius und Nero wirkte. Sein Werk lebt als «Pflanzendioskurides» (die älteste Hs. mit naturgetreuen Pflanzenbildern stammt noch aus dem frühen 6. Jh.) weiter. Auch bei den Pflanzen wurden natürlich die Primärqualitäten «heiß, trocken, kalt, feucht» in mehreren Graden unterschieden.

Das Knabenkraut (*Orchis*) hat zwei Wurzelknollen, die wie Hoden aussehen – daher der deutsche Name der Pflanze – und einschlägig zu verwenden sind. Man nannte dieses jeweilige Kriterium «Signatur» und das damit verbundene Wissen «Signaturenlehre». Dieser zufolge deutet die äußere Form und Eigenschaft einer Pflanze bereits deren medizinischen bzw. pharmakologischen Nutzen an. So ist der als Wikkel gebildete Blütenstand der Europäischen Sonnenwende (*Heliotropium europaeum*) mit einiger Phantasie einem Skorpion vergleichbar, der seinen Stachel über dem Rücken krümmt, weshalb nach Meinung der Signaturenlehre die Pflanze nach dem Biß giftiger Tiere zu applizieren ist. Übrigens blieb die Signaturenlehre nicht auf die Medizin beschränkt, wie das zu den Rosengewächsen gehörige Fingerkraut (*Potentilla reptans*) mit seinen handförmigen Blättern zeigt, an denen sich 5 «Finger» unterscheiden lassen. Trug man bei der Hochzeit ein solches Blatt bei sich, so hatte man während der ganzen Ehezeit die Oberhand über den Partner.

Besonders bekannt – um nicht zu sagen berüchtigt – ist die Alraune (*Mandragora officinarum*; DM II, 1005–1007; HDA I, 312–324), ein mediterranes Nachtschattengewächs mit angeblich aphrodisierenden Samen in kugelförmigen, gelben, kleinapfelgroßen Beeren, das auch in der Bibel (etwa im Hohelied 7, 14) erwähnt ist (hebr. *dudaim*; in der Vulgata *mandragora*, mhd. *alrûne*, *ertapfel*, jetzt in der Einheitsübersetzung *Liebesäpfel*) und auch in der «Nabatäischen Landwirtschaft» im *Picatrix* erscheint (IV, 7). Eine vom attischen Komödiendichter Alexis (372–270 v. Chr.) verfaßte *Mandragorizoménē* (etwa ‹Die Mandragorisierte›) hatte die Pflanze und ihre Wirkung sogar auf die Bühne gebracht. Nach Plinius (nat. hist. 25, 13) soll Sapphos unglückliche Liebe zu Phaon durch Mandragoragenuß bewirkt worden sein. Seit der Antike und bis in die Neuzeit tritt die Beere gegenüber der Rübenwurzel in den Hintergrund. Diese erinnert auffällig an eine Menschengestalt, wobei sich mit einiger Phantasie sogar männliche und weibliche Wurzeln unterscheiden lassen. Seit der Antike wird behauptet, daß die Mandragora, die

Blühende Alraune

unter dem Galgen aus dem Samenerguß eines Gehenkten wachsen soll, beim Ausgraben der Wurzel einen so schrecklichen Schrei ausstoße, daß es für den Wurzelsammler lebensgefährlich sei. Man grub daher die Wurzel weitgehend, doch nicht zur Gänze, frei, verstopfte sich die Ohren und band die Mandragora an den Schweif eines Hundes, den man lockte. Den Schrei, der beim Herausreißen zu hören gewesen wäre, übertönte man durch einen Trompetenstoß. Der Hund jedoch verlor gewöhnlich das Leben.

In der spätantiken Kompilation *Physiologus* ‹Der Physiologe›, der christlichen Naturkunde des Mittelalters, konnte man lesen, daß die Elefanten sich erst nach dem Genuß der Mandragora fortpflanzen (Seel, 39–41) und dadurch ein Abbild der Menschen sind, die ja auch erst nach dem Genuß einer Frucht im Paradies zeugten.

Die allegorisierte «Auffindung» (Héuresis) überreicht Dioskurides eine frisch durch den Hund ans Licht beförderte Mandragora.

Die «Signatur» der Mandragorawurzel als Männchen oder Weibchen erweist diese als Aphrodisiacum (wie in der Bibel) bzw. löst, wie Hildegard von Bingen (1098–1179) sagte, im guten und bösen Sinn starke Emotionen aus. Die Pflanze, ihrer Primärqualität nach warm und «etwas wässerig» (*aquosa*), sei aus derselben Erde erwachsen, aus der auch Adam geschaffen wurde, und die Wurzel etwas menschenähnlich. Daher sei sie mehr des Teufels als andere Pflanzen, doch könne man sie durch langes Waschen in reinem, sprudelndem Brunnenwasser «entdiabolisieren» (gewissermaßen «taufen»), so daß sie zu magischen und psychedelischen Zwecken nicht mehr tauge (*ad magica et ad fantastica non valeat*), später, um die Brust getragen, sogar die Keuschheit befördere. Dabei möge ein Mann eine weibliche Wurzel, eine Frau eine männliche verwenden. Auch Herzenstrübsal und Seelenkummer kann die Pflanze stillen, wobei die «männlichen» Wurzeln stärker als die «weiblichen» wirken (Naturkunde 28). Die vom Hohelied angedeutete aphrodisierende Wirkung ist übrigens wissenschaftlich nicht erwiesen, fest steht nur die Giftigkeit der Pflanze (Frohne – Pfänder, 352 f.). Die Vorstellung von der keuschen Fortpflanzung der Elefanten wußte aber die Autorität der Kirche hinter sich. Beide Traditionen entsprechen also der *magia naturalis*, können aber nicht als mittelalterlicher (teuflischer) Aberglaube eingestuft werden.

Dagegen rankt sich ja noch eine andere Tradition um den Alraun, nämlich die eines Schatzbringers. Wird die Männchen- oder Weibchenwurzel regelmäßig in Wein gebadet und sorgfältig gebettet, so verschafft sie ihrem Besitzer täglich ein Geldstück, den *Hecktaler*, den dieser unter seinem Kopfpolster vorfindet. Stirbt man im Besitz der Alraune, so ist man zur Hölle verdammt. Wer eine Alraune hat, muß daher vor seinem Tod versuchen, die Zauberwurzel zu verschenken, was aber kaum möglich ist, da sie immer wieder zu ihrem Herrn zurückkehrt. Dennoch blühte der Handel mit dem begehrten Geldbringer. Dementsprechend groß war die Neigung, ihn durch eine andere Wurzel wie etwa die der Zaunrübe (*Bryonia*) zu verfälschen, die man zurechtschnitzte und ankleidete (!). Noch Anfang des 20. Jh.s soll das Berliner Kaufhaus Wertheim «Glücksalraunen» in Form von Medaillons für 2,25 Mark verkauft haben (HDA I, 318). Der weitverbreitete und von magischen Handlungen begleitete

Alraunenaberglaube zeigt die Einkreuzung der Vorstellung vom «Hausgeist», dem *Spiritus familiaris* (s. unten S. 98, 103), dem man gleichfalls die Produktion von Hecktalern zuschrieb.

Man kann also beobachten, wie eine schon in der Antike einschlägig vorbelastete Pflanze neue magische Aktionen heraufbeschwor. Der Alraune sollte gerade in der deutschen und englischen Tradition ein besonderer Erfolg beschieden sein.[8] Es wäre verlockend zu untersuchen, ob die ostasiatische Alraunenvariante des Ginseng, der, wie sein lat. Name *Panax ginseng* schon sagt, als Allheilmittel gilt, in einer engeren Beziehung zur antiken Mandragora steht, sein Konsum vielleicht sogar durch den der Mandragora angeregt ist. Der erste Beleg für Roten Ginseng in Korea ist mindestens 1000 Jahre jünger als die Verwendung der Alraune im mediterranen Kulturkreis.

So bedenklich die Mandragora ist, so heilsam ist der Farn, von dem Hildegard von Bingen lehrt: er ist «warm und trokken und hat auch ein mittleres Maß an Saft. Der Teufel flieht die Pflanze, und sie hat gewisse Kräfte, die an die der Sonne gemahnen, weil sie wie die Sonne das Dunkel erhellt. Sie vertreibt so Trugbilder (*fantasias*), und deswegen lieben sie die bösen Geister nicht. An dem Platze, an dem sie wächst, übt der Teufel sein Gaukelspiel selten aus ... Blitz, Donner und Hagel fallen dort selten ein ... Wer den Farn bei sich trägt, ist sicher vor den Nachstellungen des Teufels und vor bösen Anschlägen auf Leib und Leben... Der Saft des Farnkrautes ist ... auf das Gute und Heilige gerichtet ... Gegen Gicht hilft ein Bad, in welchem frischer Farn gekocht ist. Die frischen Blätter auf die Augen gebunden, machen dieselben klar und vertreiben die Verdunklung.» Der «Farnsame», den es ja eigentlich nicht gibt, weil der Farn keine Blütenpflanze ist, um den sich auch seltsame Volksvorstellungen ranken (s. unten S. 136), heilt Taubheit, Stummheit, stärkt das Gedächtnis und macht klug (Naturkunde 26). Wir wissen übrigens nicht, von welcher Farnart Hildegard redet.

Gar nicht selten trifft man auch auf Heilmittel und Präparate aus dem Tierreich. Das berühmteste Beispiel ist gewiß der Theriak, über den Galenos zwei Abhandlungen geschrieben hat. Es handelte sich um ein Präparat, dessen Hauptbestandteil Vipernfleisch war, das als Antidot gegen Gifte wirken sollte, was auf Andromachus, den Leibarzt Neros, zurückgehen dürfte. Durch Kaiser Marcus Aurelius, der Theriak regelmäßig einnahm, erlangte das Mittel große Beliebtheit. Galenos, der die Zubereitung der Pillen aus gekochtem Vipernfleisch mit Brot genau beschreibt, gibt eine lange Liste von Krankheiten, gegen die Theriak eingenommen werden sollte (Thorndike I, 171 f.). Als *drîakel* war das Präparat auch das ganze Mittelalter hindurch beliebt (z. B. Parz. 789, 29), was natürlich nicht bedeutet, daß die ursprüngliche Zusammensetzung sklavisch beibehalten wurde, wenn auch das Wirkungsprinzip *natura naturam vincit* weiter herrschte, so daß Hugo von Trimberg (*Renner* 20155) sagen konnte: «so wie der Dorn die Mutter der Rose ist, so gebiert das Gift den *trîakel.*» Ein anderes berühmtes Gegengift war der *Mithridat* (nach König *Mithridates Eupator*), der auch gegen Pest verwendet wurde.

Noch zur Zeit Goethes führte die Apotheke zu Weimar Bocksblut, Skorpionöl und gebrannte Frösche (Apotheken Taxe), während man in Dresden 1761 Wolfsleber, Fuchslunge, gebrannten Maulwurf und sogar Menschenfett verkaufte (Weinlig). Auch hier herrschte eine Art von Signaturenprinzip: Schädelwunden heilte man «mit einem Gemenge aus Öl und gemahlenen Schildkrötenpanzern ... Gichtkranken wurden Verbände aus der Haut eines schnellen Tieres, des Hirsches, verordnet. Stumme Kinder mußten Wasser trinken, aus dem ein Singvogel getrunken hat» (Ploss 37).

Eine klassische Applikation nach dem Signaturenprinzip entnehme ich der Veterinärmedizin, nämlich dem «Roßarzneibuch» des *Meister Albrant*, der immerhin der *smitt und marstaller* Friedrichs II. in Neapel und später auch Veterinär bei Papst Clemens IV. war. Hier heißt es von einem durch einen Pfeilschuß verwundeten Pferd, wenn die Pfeilspitze nicht herausoperiert werden könne, so solle man einen Krebs mit Hasenfett zerstoßen und dies auf die Wunde binden. Der Pfeil werde dann über Nacht austreten (*Albrant*, 111–113). Zugrundeliegt folgende Vorstellung: Da der Krebs nach hinten geht, wird er den Pfeil wieder nach hinten herausbefördern, da der Hase ein schnelles Tier ist, wird dies nicht mit langsamer Krebsgeschwindigkeit geschehen.

Der berühmte Arzt und Alchemist Johan Baptista van Helmont (1580–1644), dem wir die Entdeckung der Gase und das aus griech. *cháos* neugebildete Wort *Gas* verdanken, empfahl, gegen Rotlauf das rote Blut eines im Lauf getöteten Hasen zu applizieren (Marshall 14). Besonders reich an Mitteln der «natürlichen Magie» ist die berühmte «Heylsame Dreck-Apotheke» des Eisenacher Arztes Kristian Frantz Paulini (1643–1712), der eine Reihe z. T. sehr schwerer Krankheiten, aber auch von Schönheitsfehlern und durch Zauberei entstandener Schäden vor allem mit Ausscheidungen von Tier und Mensch zu heilen versuchte. So empfiehlt Paulini gegen Schwindel den pulverisierten Kot eines Eichhörnchens, da auch Seiltänzer dieses Mittel verwendeten. Gegen Taubheit verordnet der «Dreck-Apotheker» den noch warmen Urin eines frisch geschlachteten Hasen – die Größe der Löffel garantiert offenbar feinen Gehörsinn –, der dem Leidenden ins Ohr zu gießen ist (Lux).

Nicht immer ist das Motiv der Applikation leicht nachzuvollziehen. Hildegard von Bingen empfiehlt bei Hautkrebs (?) die Blase des Birkhuhns zu trocknen und dann, mit etwas Wein angefeuchtet, auf die von Krebsen (!) befallene Stelle zu legen, worauf diese sterben würden (Naturkunde 110). Ganz besonderer Beliebtheit erfreute sich der im Frühjahr zur Zeit der Begattung gesammelte Regenwurm, der bei Gicht, Gelbsucht, Wassersucht, Schlaganfällen, Ohrenleiden, Tollwut usw. verwendet wurde. Wirklich «einleuchtend» im Sinne natürlicher Magie ist nur die gleichfalls empfohlene Applikation bei Eingeweidewürmern, weil dann nach dem Prinzip *natura naturam vincit* ein Wurm den anderen vertreibt. Allerdings wurden um die Mitte des 18. Jh.s schon Zweifel an der Wirksamkeit der Regenwürmer laut, aber einige Jahre später hat ein gewisser J. J. Forke sie in dem Werk *De vermibus medicatis* ‹Über medizinisch gebrauchte Würmer› (Göttingen 1776) noch einmal hervorgehoben (Marshall 49 f.).

«Drakontologie» Hier ist der Hinweis auf eine Wissenschaft angebracht, die in der Neuzeit obsolet geworden ist: die «Drakontologie», die Lehre vom Wesen der Drachen, der Verwendung insbesondere des Drachenblutes. Daß die Existenz von Drachen dem Altertum, dem Mittelalter und der frühen Neuzeit völlig gesichert schien und der Drache mitnichten ein Fabelwesen war, muß nicht eigens erwähnt werden. Aus der Bemerkung Hildegards von Bingen, daß Drachenblut zu applizieren sei, wenn man einen Stein in sich trage, daß man dieses aber keinesfalls unverdünnt trinken dürfe (Naturkunde 138 f.), läßt sich entnehmen, wie selbstverständlich ihr die Existenz von Drachen war.

Die Vorstellung vom wertvollen Drachenblut ist bereits wikingerzeitlich, denn die germanische Heldensage kennt Schwerter, die man mit Drachenblut gehärtet hatte. Nur mit solchen Schwertern konnte man den «hürnenen» Drachenleib durchstoßen, weil sich die Härte des Stahls und die härtende Eigenschaft des Blutes «magisch addierten». Da nun Drachenblut eher schwierig zu beschaffen ist, begnügt sich die mittelalterliche Fachprosa damit, «in den Rezepten für Schmiede als Ersatz des fehlenden Drachenblutes die ‹Wurmsäfte› der Regenwürmer und Engerlinge» vorzuschlagen (Ploss 36). Gewissermaßen nach dem Prinzip: «Wurm ist Wurm.» Das Härtewasser des Schmiedes steht nun stellvertretend für den Wurmsaft des Drachenblutes und kann daher auch einen badenden Menschen härten bzw. verjüngen, wie wir aus dem Grimm-Märchen 147 («Das junggeglühte Männlein») ersehen können. Es sind Vorstellungen, die auch dem Schamanentum, das ein enges Verhältnis zum Schmiedewesen hatte, und der Vorstellungswelt der Sauna mit ihrer jähen, «abhärtenden» Abkühlung nahe stehen.

Beachtenswert ist das hohe Alter dieser Drakontologie, wie sie schon der Papyrus Kenyon (3. Jh. n. Chr.) lehrt, daß nämlich mit Drachenblut unzerstörbare Stoffe, etwa unzerbrechliches Glas, hergestellt werden konnten (Kenyon, Nr. 121, S. 102 f.; Ploss 40). Das bei diesen Operationen verwendete «Drachenblut» (Thorndike IV, 597 f., 602,; V, 451 f.) war einerseits (Plin. n. h. 33, 115) *cinnabaris* ‹Zinnober› (Quecksilbersulfid, HgS, aus dem man Quecksilber herstellte), andererseits bei Solinus (Collectanea 25, 14) das erstarrte rote Harz des Drachenbaumes (*Dracaena cinnabari*), das auf der jetzt zum Jemen gehörigen Insel Sokotra gewonnen wurde und heute noch als Lack verwendet wird. Mit Hilfe dieses Drachenblutes konnte man angeblich Edelsteine nachfärben, aber auch Glas erweichen, so daß man es in Formen pressen konnte. *Theophilus presbyter* (Rogerus von Helmarshausen) teilt in seinen *Schedula diversarum artium* ‹Darstellung verschiedener Künste› (etwa 1100–1120) ein Rezept für das Schreiben mit Goldbuchstaben mit: dabei war Gold in dem erwähnten Baumharz zu lösen, d. h. in Blättchenform in das durch Erwärmung verflüssigte Harz zu rühren und konnte dann wohl tatsächlich zum Schreiben verwendet werden. Ein klassisches Beispiel von *magia naturalis*, das durch die geglaubte Herkunft des «Drachenblutes» eine Art mythologischen Hintergrund erhielt (Ploss 40–42). Die Drakontologie erschöpft sich allerdings nicht in den Spekulationen über das Drachenblut. Auch die im Drachenhaupt enthaltenen Steine besitzen Wunderkräfte und Roger Bacon stellte angesichts der Äthiopier fest, «daß keine Lehre den Menschen so weise machen könne wie der Genuß von Drachenfleisch», wobei man auf das Grimm-Märchen Nr. 17 («Die weiße Schlange») verweisen muß; nicht zuletzt berichtet Plinius, daß der Drache ein Kraut *balis* kenne, mit dessen Hilfe er tote Artgenossen wieder beleben könne (Ploss 50–52).

Mineralogie Besonderes Interesse brachte die mittelalterliche Wissenschaft der «natürlichen Magie» der Steine entgegen, die reiche christlich-allegorische Bedeutung hatten, wobei man von vier Bibelstellen (Mose Ex. 28, 17ff.; Is. 54, 11ff.; Ez. 28, 13; Apoc. 21, 19ff.) ausging, die Edelsteine nennen (Meier). Deren Faszination ist auch aus der mittelalterlichen volkssprachlichen Literatur (z.B. *Parzival* 791, 1–30) eindrucksvoll bezeugt. Unter den antiken Autoren, denen besondere Beschäftigung mit Steinen nachgesagt wird, sind besonders (Pseudo-)Aristoteles, Theophrastus, ein griechischer Magier Damigeron aus der Zeit Neros, dessen Werk im 5. Jh. von einem Evax ins Lateinische übertragen wurde, und Plinius zu erwähnen.

Auch Hildegard widmete ein Buch ihrer *Physica* den Edelsteinen. Bei ihr entsteht der Smaragd bei Sonnenaufgang und nimmt das Grün der Pflanzen besonders intensiv an. Er «ist deshalb ein starkes Mittel gegen alle Schwächen und Krankheiten des Menschen, weil die Sonne ihn zeugt und sein Stoff dem Grün der Luft entstammt.» Dem Epileptiker lege man einen Smaragd in den Mund, bis er sich wieder erholt hat. Dann nehme ihn der Kranke heraus, schaue ihn an und sage «Wie der Geist des Herrn den Erdkreis erfüllt, so fülle er das Haus meines Körpers mit seiner Gnade, so daß sie ihm niemals genommen werden könne» (Naturkunde 82 f.). Fast alle Edelsteine und Halbedelsteine helfen gegen irgendwelche Leiden. Der Magnet, der aus dem Geifer eines giftigen Wurmes entsteht, «erstickt Bosheit, Lüge und Zornwut. Er macht das Fasten leicht, wenn man ihn im Mund hat ... Dem Teufel ist er sehr verhaßt, weil er Standhaftigkeit verleiht» (Naturkunde 87). Während der Onyx vorwiegend organische Krankheiten heilt, ist der Saphir ein starkes Mittel gegen den Teufel. Ist einer besessen, so lege man einen Saphir auf die Erde, nehme dann etwas von der Erde auf und binde sie dem Besessenen in einem Lederbeutelchen um den Hals, wobei man sage: «Du schändlicher Geist, weiche zurück von diesem Menschen, so wie dein Fall die Herrlichkeit deines Glanzes sehr schnell von dir nahm.» Der in die Enge getriebene böse Geist wird aus dem Menschen ausfahren. Ist jemand in Liebesglut für eine Frau entflammt, und ist ihr dies lästig, so kann sie es abwenden, indem sie dreimal Wein über einen Saphir gießt und spricht: «Ich gieße diesen Wein in glühenden Kräften über dich aus, so wie Gott den Glanz, ungetreuer Engel, von dir nahm, damit du Liebe und Wollust dieses Mannes von mir nehmest.» Das kann auch ein Mann tun, den eine verliebte Frau zu seinem Leidwesen verfolgt. Auch notorische Dummheit kann durch den Saphir geheilt werden (Hildegard 85).

Ein Marbod von Rennes (etwa 1035–1123) verfaßte ein «Steinbuch» (*Liber lapidum*), ein Arnoldus Saxo anfangs des 13. Jh.s ein Buch über die «Tugend der Steine» (*De virtutibus lapidum*), ebenso Thomas von Cantimpré (1201–1263/80) einen Abschnitt in seinem «Buch über die Natur der Dinge» (*Liber de natura rerum*), Albertus Magnus den Traktat *Mineralia* (1254–1261/62), ein Alemanne *Volmar* (oder ähnlich) ein «Steinbuch» um die Mitte des 13. Jh.s, um nur die wichtigsten zu nennen. Auch hier wird der Magnet als ein geheimnisvoller Stein angesehen – gemeint ist der Magnetit

(Magneteisenerz Fe_3O_4) mit seinen schönen Oktaedern –, der jedoch durch den Diamanten, durch Zwiebel, Knoblauch und Bocksblut seine Kraft verliert. Nach dem Prinzip *natura gaudet suo simili* steht die attrahierende Kraft des Magneten auch für die Liebe: Legt der Mann seiner Gemahlin einen Magneten unter den Kopfpolster, wird diese ihn brünstig umarmen, wenn sie ihm treu ist, hingegen mitten im Schlaf aus dem Bett geschleudert, wenn sie die Ehe gebrochen hat. Grollt der Mann seiner Frau, so möge sie einen Magneten um den Hals tragen. Am dritten Tag wird sich der Gatte mit ihr versöhnen (Stecher 58–73). In Prosper Merimées gleichnamiger Novelle setzt auch Carmen den Magnetstein zur Betörung der Männer ein.

Im *Liber aggregationis* des Pseudo-Albertus Magnus findet sich ein Hinweis auf die Heilkraft der Steine: «Wenn du machen willst, daß jemandes Hände brennen und du die Arthritis vertreiben willst, so nimm einen Stein, der Feripendanus heißt ... Wenn man diesen jemandem um den Hals hängt, heilt er die Arthritis ...» und weiter: «wenn dieser Stein allzu fest zusammengedrückt wird, so verbrennt er sogleich die Hand, weshalb er nur leicht und zart angefaßt werden will» (Albert. M., Liber aggregat. 161). Daß man Arthritis mit heißen Mineralien behandeln kann, ist jedem, der einmal unter einer Fangopackung gelitten hat, bekannt. Daß es Steine gibt, die sich auf unerklärliche Art erhitzen, konnte man aus Beobachtungen mit gebranntem Kalk ableiten. Die Verwendung des *Feripendanus* hat also auch für die heutige Wissenschaft nicht viel Auffälliges, wenn man von der kontaktmagischen Vorstellung absieht, daß der Stein offenbar jede Arthritis vertreibt, wenn er nur um den Hals gehängt, also nicht an der erkrankten Stelle appliziert wird. «Magischer» mutet uns noch an, wenn es in demselben Werk des Pseudo-Albertus heißt, daß der Stein mit dem leicht durchschaubaren Namen *Obtalmius*, in ein Lorbeerblatt eingewickelt, seinen

Besitzer unsichtbar mache (Albert. M., Liber aggregat. 140). Auch der alchemistische «Stein der Weisheit» (*lapis sapientiae*) kann seinen Träger unsichtbar machen, und es hat natürlich ernstzunehmende Gelehrte gegeben, die dies für möglich und auch für nicht sündhaft hielten. Der unsichtbar machende Stein im Artusroman vom Ritter *Iwein* ist also nicht unbedingt «märchenhaft».

Aber dennoch regte sich mitunter Widerspruch, z.B. bei dem deutschen Märendichter, der sich *Der Stricker* nannte und der eine recht rationalistische Haltung einnahm. Er stellte in einer seiner Lehrreden (Nr. 127 «Von Edelsteinen») solchen Steinglauben mit Vernunftargumenten als völlige Dummheit hin. Edelsteine wirken entweder nicht oder ihre Wirkung ist unwichtig. Wären die Edelsteine in der Kaiserkrone wunderwirkend, so wäre Philipp von Schwaben nicht ermordet worden. Könnten Steine die verlorene Sehkraft wiedergeben, so wäre der venezianische Doge Enrico Dandolo nicht blind geblieben ... Der Stricker hat freilich selbst gesehen, wie man mittels eines Steines, der 10 Pfund kostete, einen Halm gehoben habe – vermutlich war es Bernstein, der mit statischer Elektrizität aufgeladen war oder der angeblich aus Luchsharn entstandene *Ligurius* (Stecher 53 f.) –, aber wozu sollte man einen Halm heben?

Gartenbau «Natürliche Magie» übte man auch in der Hortikultur. Eines ihrer Meisterwerke war zweifellos der magische Garten, den Albertus Magnus, der *magicis expertus*, angeblich 1249 mitten im Winter in Köln erblühen ließ, als Herzog Wilhelm II. von Holland dort zu Besuch weilte (Trithemius 281). Im mittelalterlichen Gartenbau findet man allerlei Vorstellungen, die als typisch «magisch» anzusprechen sind. So verfaßte ein Meister Gottfried von Franken um 1350 ein «Pelzbuch», ein Werk, das die Kunst des Veredelns vermittelt und letztlich auf das *Opus agriculturae* des Rutilius Taurus Aemilius Palladius (4. Jh. n. Chr.) zurückgeht. Gottfried lehrt etwa die Züchtung kernloser Kirschen nach dem Prinzip der *similia similibus* so: «Daß Kirschen ohne Kerne und ohne Kernschalen wachsen ...: Spalte einen jungen Kirschbaum der Länge nach ein oder zwei Spannen lang ... Man soll ihn also von oben bis zur Wurzel spalten. Dann nehme man schnell mit einem Eisen das Mark aus beiden Stammhälften. Danach füge beide Teile säuberlich zusammen ... Nach einem Jahr, wenn die Narbe verheilt ist, nimm das Reis, das dann noch keine Frucht getragen hat und pfropfe es. Dann wachsen dir Kirschen ohne Steine.» Wenn man also das Innerste (das Mark) des Pfropfreises entfernt, so wird auch den Früchten das Innerste (der Kern) fehlen (Pelzbuch Nr. 22). Das schon der Antike geläufige Pfropfen (Veredeln) der Obstbäume selbst ist vielleicht aus der Vorstellung der Baumhochzeit (s. S. 19 f.) in ihrer Umkehrung entstanden: Man fügte den männlich gedachten Sproß in den Spalt der weiblichen Veredelungsgrundlage ein und ließ ihn anwachsen. Das uns heute geläufige Wissen, daß sich nicht jedes Reis auf jede Unterlage propfen läßt, also etwa kein Pflaumenreis auf einen Nußbaum, war dem Mittelalter noch nicht selbstverständlich.

e) Beispiele für magia diabolica

«Teuflische Magie» versucht die gewünschten Ergebnisse der magischen Handlung mit Hilfe von Dämonen (Teufeln) herbeizuführen, wozu auf diese Zwang ausgeübt werden muß. Der Gedanke ist auf Gott bezogen allerdings auch der christlichen Religion nicht ganz fremd. So zwangen irische Heilige wie St. Patrick, St. Adamnán oder der hl. Findchua durch Hungerstreik und andere Torturen Gott zu Zugeständnissen, und um 1400 glaubte man in Südtirol, daß Gott dem keine Bitte versagen könne, der am Sonntag faste (Vintler

8207 ff.). War es möglich, sogar Gott unter Druck zu setzen, so mußte es in der niedereren Welt der Dämonen noch leichter sein. Verfahren, die darauf zielen, Dämonen und Geister mit Hilfe Gottes zu zwingen, heißen seit dem 3. Jh. n. Chr. «theurgisch» (‹durch› oder ‹wie Gott wirkend›), das Ergebnis «Theurgie» ‹quasi-göttliches Wirken›. Der erste als «Theurg» bezeichnete Magier dürfte ein gewisser Julian gewesen sein, der die fragmentarisch erhaltenen «Chaldäischen Orakel» verfaßte und angeblich während eines Feldzuges unter Kaiser Mark Aurel die fast schon verdurstende 12. Legion im Land der germanischen Quaden durch das sogenannte «Regenwunder» rettete, das auf der Mark-Aurel-Säule in Rom dargestellt ist. (Allerdings hielten die Christen im Heer den plötzlichen Wolkenbruch für ein Wunder ihres Gottes.)

Die magischen Praktiken, mit denen Dämonen herbeigerufen und zu etwas gezwungen werden sollen, wurden meist mit dem Namen des wegen seiner Weisheit hochberühmten Judenkönigs Salomon (regierte ca. 965 bis ca. 926 v. Chr.) verbunden, dessen Name vielleicht auch in *Zabulon* und *Savilon* entstellt vorliegt (vgl. Tuczay). Neben dem «Hohelied», dem «Buch der Sprichwörter», dem «Kohelet» (‹Prediger›) und dem «Buch der Weisheit», welche die Bibel Salomon zuschreibt, gingen auch noch andere Schriften, deren älteste «Das Testament Salomons» (1.–3. Jh. n. Chr.) ist, unter seinem Namen. Schon die ältere jüdische Sage wußte und ist sich später darin mit der islamischen einig, daß die großen Leistungen des Königs, insbesondere der Tempelbau, ohne magische Mittel nicht möglich gewesen wären. So bediente sich Salomon/Sulaiman zum Schneiden der Bausteine eines wundersamen Wurmes *Shamir* und weitgehend der Hilfe von Dämonen, die er mittels seines Ringes zwang.

Aber das Vorbild Salomons ist problematisch. Die Warnschrift «Das Testament Salomons» bietet zunächst eine Art Revue der Dämonen, die sich der König durch einen Zauberring gefügig macht. Einer heißt *Ornias*, ein anderer *Beelzeboul*, eine die Männer zur Unkeuschheit verleitende Dämonin ist die schöne *Onoskelis.* Der wichtigste ist *Aschmodai* (*Asmoday*, *Asmodeus*), eine Lieblingsfigur der apokryphen Salomontraditionen, dem als Gegner der Engel *Rafael* gegenübersteht. Endlich erhält der König noch eine Flasche mit einem gefangenen Geist *Ephippas*, den er im Namen des von den Juden gekreuzigten Sohnes der Jungfrau [!] beschwört, den Tempelbau durch den letzten, verworfenen Stein zu beenden. Doch dann verfällt der große König einer Frau, die sich ihm hingibt, nachdem er ihrem Gott Moloch fünf Heuschrecken geopfert hat. Gemeint ist die Königin von Saba. Von da an geht es mit Salomon bergab, er opfert *Baal*, *Rapha* und *Moloch*, sein Geist wird verdunkelt und er selbst zuletzt zum Gespött der Dämonen.

Die ersten Zeugnisse für die theurgische Kraft des Königs stammen schon aus der Spätantike (Bronzescheibe von Ostia). Autoren des Hochmittelalters wie der Pariser Bischof Wilhelm von Auvergne (1180–1249), Albertus Magnus und Roger Bacon zählen die dem Salomon zugeschriebenen dämonologischen Werke auf. Es sind insgesamt gegen zwei Dutzend, darunter Werke, deren Erwähnung allein schon als sündhaft galt und die kaum verständliche Titel führten wie *Idea Salomonis et entocta* (oder auch *De arte eutonica et ideica*), oder auch: *Liber de umbris idearum* ‹Das Buch von den Schatten der Ideen›, *De figura Almandel* ‹Über das Zeichen *Al-Mandel*›, *De novem candariis* ‹Die neun Kerzen›, *De quatuor annulis* ‹Die vier Ringe›, ferner die 1554 von der Kirche auf den Index gesetzte *Clavicula Salomonis* ‹Salomons Schlüssel› und die am häufigsten genannten Werke, die *Ars notoria* ‹Anzeigekunst› und der *Liber sacer* ‹Heiliges Buch›, der mitunter *Liber sacratus* oder *Liber iuratus* ‹Schwurbuch› heißt und auch einem *Honorius* zugeschrieben wurde (Thorndike II, 279–289).

Der *Ars notoria* (auch *Sacratissima ars notoria* ‹Allerheiligste Anzeigekunst›), die sich mehrfach mit dem *Liber sacer* berührt, liegt die theurgische Vorstellung zugrunde, daß man Verbindung mit Gott, sowie die Kenntnis aller Künste und Wissenschaften durch die Anrufung von Engeln (den guten und gefallenen), magische Gebete und geheimnisvolle Figuren herstellen könne, wie es ein Engel Salomon einst im nächtlichen Gebet auf Wunsch Gottes gelehrt habe. Dazu ist zu bedenken, daß der kanonische Bibeltext nur zwei Engel (*Michael* und *Gabriel*) kennt, wozu aus apokryphen Texten noch *Rafael* und *Sariel*, später durch Umdeutung eines Menschennamens auch *Uriel* kamen. Alle übrigen Namen sind erst Ergebnis magisch-kabbalistischer Spekulationen, die dadurch in der Universalzahl 72 zustandekamen, daß man sie aus den hebräischen Buchstaben der Verse 19–21 des 14. Kapitels des Buches Exodus herausentwickelte, die den Auszug der Juden aus Ägypten unter Führung eines Engels und gefolgt von der Wolkensäule schildern. So besteht das Buch aus schier endlosen Listen hebräischer oder angeblich hebräischer Namen mit dazugehörigen *characteren* und *figuren*, von denen man sich wohl vorstellen muß, daß sie hergesagt, psalmodierend gesungen und nachgezeichnet wurden. In diesem Sinne läßt sich *ars notoria* als Fachterminus für diese Art der Magie durch Engel- und Dämonenbeschwörung verwenden.

Sie herrscht auch im *Liber sacer* und seinen Varianten. Dieser berichtet, daß einst der Papst und die Kardinäle wegen des Überhandnehmens der Magie geklagt hätten, worauf die Magier ihre Kunst verteidigten und betonten, daß ein böser Mensch in der Magie nichts ausrichten könne, weil er keine Macht über die Dämonen habe. Ein Kongreß von 89 Magiern beauftragte dann den Thebaner *Honorius* (angeblich Sohn des Euklid!) eine Art Reader's Digest der magischen Bücher in einem Band herzustellen. Dieses eine konzentrierte magische Buch dürfe niemals in mehr als drei Abschriften verbreitet werden, dürfe nicht in die Hände von Frauen oder unreifen und unzuverlässigen Männern geraten usw. Das müsse jeder Besitzer des «Schwurbuches» beschwören. Honorius selbst bezeichnet im Prooemium die zugrundeliegenden Quellen als Bücher Salomons.

Wie sehen diese Texte, die Engel- und Dämonennamen aus? In Hs. Sloane 313 des BM findet sich (fol. 6v) ein Gebet, das hebr. und griech. anmutende Wort- und Namensbrocken enthält:

Theos megala . pater . ymasi hebrol . habobol.
hetoylaloy . heliot . heti . hebeoth . letia hezey . sadan . salazeey.
sastial . salatolly . samel . sadamiel . saday . hegion . helliel .
lemegos . moron . megos . nuheon (imheon ?) . legmes . muthon .
mychyhym . heel . heseli . iecor . granal . semhel . sa^{e}molzat.
semeltha . samay . geth . gehel . iasohogion . salotha . thurgno .
hepatir . vsion . hathamas . othonas (Gratheus I, 130 f.).

Um zu veranschaulichen, wie einheitlich auf Grund der Namenmagie das Kauderwelsch ist, vergleiche ich die Namen der Planetendämonen von Jupiter und Mars in zwei Handschriften. Royal 17-A-XLII, fol. 67r hat für Jupiter: *Raphael, Pahamcocyhel, Asassayel* und Mars: *Samahel, Satyhel, Ylurahyhel, amabyhel.* Sloane 3854, fol. 129va hat für Jupiter: *satriquel, raphael, pahamcoahel, asassaiel* und Mars: *samahel, satihel, yturahihel, amaliel.*

Die salomonische Zauberliteratur wirkt in die Neuzeit, ja bis heute, weiter, wie besonders die Arbeiten der schon genannten (s. S. 13) bedeutenden und einander befehdenden Magier S. Liddell MacGregor Mathers und Aleister Crowley zu Ende des 19. Jh.s zeigen. Mathers übersetzte die *Clavicula*

Salomons Gefäß

Salomonis als «The Key of Solomon the King» 1888 auf der Grundlage verschiedener meist französischer Handschriften der frühen Neuzeit, die sich im BM befinden.

Die Texte gehen davon aus, daß Salomon sich die Geister der gefallenen Engel dadurch dienstbar machte, daß er sie in ein bestimmtes Gefäß bannte, das er mit seinem Siegel, dem berühmten *sigillum Salomonis* verschloß. Dieses Motiv ist uns aus «Tausendundeine Nacht» (I, 26–30, 39–44) gut bekannt, von wo es auch in den deutschen Märchenschatz gelangt ist (Grimm-Märchen Nr. 99 «Der Geist im Glas»), tritt aber, wie wir sahen, schon im «Testament Salomons» im 1. Jh. n. Chr. auf. Natürlich sind die Dämonen der Salomonsage, die vom König z. B. im Tempelbau eingesetzt wurden, in der arabischen Tradition zu Dschinnen geworden. Mathers hielt nun die *Clavicula Salomonis* tatsächlich für eine Schrift des großen Königs und führte u. a. sogar «Tausendundeine Nacht» als Beweis für seine Auffassung an (VIf., X).

Daneben gibt es die *Goëtia*, die verwirrenderweise *Clavicula Salomonis Regis*, der ‹Schlüssel König Salomons› (oder auch der «Kleinere Schlüssel»), heißt. Auch dieser Text wurde nach Manuskripten des BM von MacGregor Mathers über-

Siegel zu Salomons Gefäß

setzt, jedoch soll Aleister Crowley das Werk auf bedenkliche Weise an sich gebracht haben und gilt jetzt als federführender Herausgeber und Kommentator der «The Goetia. The Lesser Key of Solomon the King» genannten Schrift, die auch mit einem unerklärten Namen *Lemegeton* heißt. Das in dieser Literatur häufige Wort *goëtia* gehört zu griech. *góēs* ‹Zauberer› und einer Wurzel, die ‹klagen, besingen → mit Zauberlied beschwören› bedeutet.

In der «Goëtia» findet sich auch eine unperspektivische Abbildung von Salomons Messinggefäß, die dem Magier bei der Anschaffung eines solchen Behältnisses von Nutzen sein sollte.

Es ist mit dem geheimen Siegel Salomons zu verschließen, das auch der Pflanze Salomonssiegel (*Polygonatum odoratum*), deren Rhizomenden einem Siegelabdruck ähneln, den Namen gegeben hat.

Das Siegel muß von jemandem hergestellt werden, der völlig rein ist und während eines Monats keinen Umgang mit einer Frau hatte, vielmehr Gott um Sündenvergebung gebeten und gefastet hat. Es muß zu Mitternacht an einem Dienstag oder Samstag auf Jungfernpergament mit dem Blut eines schwarzen Hahns, der noch keine Henne bestiegen hat, bei zunehmendem Mond im Zodiakalzeichen der Jungfrau gemalt werden und ist mit Alaun, sonngetrockneten Rosinen,

Datteln, Zedernöl und «Aloëholz» (*lignum Aloe*) zu «parfümieren». Auf den davorstehenden Seiten werden auch das Hexagramm, das Pentagramm (der 6- und 5-strahlige Stern) und der magische Ring, mit denen Salomon die Dämonen bannte, abgebildet und für die Praxis in ihrer Herstellung beschrieben (*Goëtia* 73–76).

Um dem Leser eine Vorstellung zu geben, wie diese «Schlüssel Salomons» praktisch zu verwenden sind, führe ich aus der *Clavicula Salomonis* das Verfahren an, mittels dessen man sich unsichtbar machen kann – ein alter Wunschtraum des Menschen: Der Theurg verfertige im Jänner am Tag und zur Stunde des Saturn (Samstag nach 1 Uhr nachts) aus gelbem Wachs eine Menschenfigur, auf deren Scheitel er mittels einer Nadel bestimmte Zeichen einritze, die eine Vorlage zeigt. Eine andere Inschrift bzw. andere Zeichen bringe man auf der Haut eines Frosches oder einer Kröte an, die man selbst getötet hat. Man hänge dann die Figur mittels eines seiner Haare in einem Kellergewölbe um Mitternacht auf, wobei man sie mit Weihrauch beräuchert und dazu spricht: «*Metatron, Melekh, Beroth, Noth, Venibbeth, Mach,* und ihr alle, ich beschwöre dich, oh Wachsfigur, beim lebendigen Gott, daß du mich durch die Kraft dieser *Charaktere* und Worte unsichtbar machst, wo immer ich dich mit mir trage. Amen.» Nach einer weiteren Weihrauchspende lege man die Figur in ein Kistchen aus Tannen- oder Föhrenholz, das man an Ort und Stelle vergrabe. Wann immer man sich nun unsichtbar machen wolle, nehme man die Puppe aus ihrem Versteck, stecke sie in den linken Sack und sage: «Komm zu mir und verlaß mich nicht, wohin immer ich auch gehen werde.» Danach ist sie bis zur nächsten Verwendung wieder sorgfältig an ihren alten Platz zu bringen und mit Erde zu bedecken (*Clavicula Salomonis* 52).

Natürlich ist die Anrufung der Dämonen in ihrer Muttersprache, dem (H)enochischen (der «Engelsprache»), noch effektvoller als auf Latein, Englisch, Französisch oder Deutsch. Von Henoch oder Enoch wußte man aus der Bibel (Mose Gen. 5, 18–24; Hebr. 11, 5; Judae 14), daß er mit Gott vertrauten Umgang hatte und ihn der Herr am Ende seines Lebens «zu sich nahm». Ein spätjüdisches Henochbuch, das in einer koptischen und altslawischen Bearbeitung weiterlebt (Apokryphen AT, 302–346) und eine Quelle obskurer Engelnamen ist, bringt Henoch in apokalyptische und visionäre Zusammenhänge. Danach wurde dem englischen Mathematiker, Astrologen und Alchemisten John Dee (1527–1608) mit Hilfe seines Mediums Edward Kelley (1555–1597) das Henochische, das sich einer eigenen Buchstabenschrift bedient, in Form von «Rufen» geoffenbart, in Dees Schriften, die sich z. T. im BM befinden, von Mathers wieder entdeckt und von Crowley zur Herstellung henochischer Beschwörungstexte verwendet.

Wie das Henochische aussieht, zeigt Crowleys Übersetzung der «Ersten Beschwörung» (*Ye Fyrste Conjouratioun*) in der «unvokalisierten» und «vokalisierten Form» samt engl. «Übersetzung»:

Also: ‹Ich rufe dich an und setze dich in Bewegung, oh du Geist N., und – in der Kraft des Allerhöchsten über euch erhaben – sage ich zu dir: Gehorch! im Namen *Beralanensis*, *Baldachiensis*, *Paumachia* und den Sitzen der *Apologia*: und der Mächtigen, die da herrschen, Geister der Qual …›

Das Henochische trägt vielleicht Züge einer agglutinierenden Sprache: *pr* scheint ‹Feuer› zu bedeuten (≈ griech. *pȳr* ‹Feuer›). Davon sind *prg* (*peredschi*) ‹Flammen›, *prge* (*perege*) ‹mit Feuer›, *prgel* (*peregela*) ‹aus, von Feuer›, *prt* (*perete*) ‹Flamme› abgeleitet.[9] Wie das Henochische nach der Meinung Crowleys klingt, läßt sich den Aufnahmen der «Beschwörung des Ersten und Zweiten Aethyr» von etwas über 3 Minuten auf Edison-Wachszylindern entnehmen, die um 1920 entstanden sein sollen. Sie sind heute auf CD greifbar.[10]

YE FYRSTE CONJOURATIOUN

OL	VAVIN	OD	ZACAM,	ILS	GAH	N.:	OD
Oel	vavini	ōd	zodacamè,	Ilâsâ	gahè	N.:[1]	ōd
I	invoke	and	move thee,	O thou	Spirit	N.:	and

LANSH	VORSG	IAIDA,	GOHUS	PUJO	ILS,
elanusâhè	vorèsaji	IAIDA,	gohoosa	pujo	ilâsâ,
being exalted above ye in the power of		the Most High,	I say	unto	thee,

DARBS!	DOOIAP	BERALANENSIS,	BALDACHIENSIS,	PAUMACHIA,	OD
darèbèsâ!	do-o-i-apè	Beralanensis,	Baldachiensis,	Paumachia,	ōd
Obey!	in the name	Beralanensis,	Baldachiensis,	Paumachia,	and

APOLOGIAE SEDES:	OD	MICALZO	ARTABAS,	GAH	MIR,
Apologiae Sedes:	ōd	mikalazōdo	arétabasâ,	gahè	mirè,
Apologiae Sedes:	and	of the mighty	ones who govern,	spirits	[of torment],

Henochische Beschwörung (Beginn)

Das Henochische spielt u. a. auch in der vom ehemaligen Löwendompteur Anton Szandor LaVey (Howard Stanton Levey; 1930–1997) in San Francisco gegründeten und in den USA als Religion anerkannten «Church of Satan», in der es zu Verfremdungszwecken eingesetzt wird, eine gewisse Rolle. Ein Mitglied des «Order of the Golden Dawn» mit dem Pseudonym *Soror Resh* warnt auf einer Internetseite nachdrücklich vor leichtsinnigem Umgang mit henochischer Magie: «Die Arbeit mit enochischen Kräften und Anrufungen ist nur für Fortgeschrittene geeignet und sollte keineswegs leichtfertig und aus Neugierde erfolgen. Ohne umfassende Anweisungen von einem erfahrenen Adepten sollte diese Art von Magie nicht praktiziert werden.»

Dem Henochischen als Geheimsprache oder auch nur -schrift ist jene des Voynich-Manuskripts (spr. vojnitsch) vergleichbar – nicht ähnlich. Es handelt sich um eine laut Radiokarbontest ca. nach 1420 entstandene Pergamenthandschrift von einst 116 (jetzt 109) Blättern, die sich im Besitz Rudolfs II. in Prag befunden hat. Sie ist in einer Geheimschrift und/oder Geheimsprache, die bisher unerklärt ist/sind, abgefaßt und hat eine lange Geschichte. Das Manuskript befand sich später im Nachlaß des jesuitischen Universalgelehrten Athanasius Kircher (1601/2–1680), der es erfolglos zu entziffern und zu deuten versuchte. Über eine Jesuitenbibliothek kam es später in den Besitz des Antiquars Wilfrid Voynich, nach dem es benannt ist. Nach dessen Tod wurde es der Yale University geschenkt, in deren Handschriftensammlung es sich seit 1969 befindet (Signatur: MS 408 Reinecke Rare Books). Den farbenprächtigen Miniaturen könnte man entnehmen, daß es sich um eine Schrift medizinischen, pharmazeutischen, astronomischen oder magischen Inhalts – im Sinne der *magia naturalis* (?) etwa über Fragen der Zeugung oder Bäder für Frauen, der *magia diabolica* des von H.P. Lovecraft fingierten *Necronomicon* – oder um puren, wenn auch extrem aufwendigen, Schabernack handelt. Wegen ihrer rätselhaften Schrift oder/und Sprache wurde die Handschrift hypothetisch mit John Dee und Edward Kelley zusammengebracht. Der Text wird heute mit dem computertauglichen EVA (European Voynich Alphabet) transkribiert. An seiner Entzifferung und der Deutung der Miniaturen hat sich im 20. Jh. über ein Dutzend Gelehrter die Zähne ausgebissen. Hier sei das Buch genannt, weil es eindrucksvoll die Faszination von Geheimschriften und -sprachen demonstriert, deren Ergebnis ja auch das Henochische ist.

Wichtig ist, daß in der *magia diabolica* zwar durchaus mit Dämonen, gefallenen Engeln (also «Teufeln») gearbeitet wird, daß aber die Macht des Theurgen dem Vorbild Salomons folgend letztlich doch von Gott kommt, weshalb immer wieder Gebete gelehrt und Vorschriften etwa zur Enthaltsamkeit gegeben werden. Mathers selber hielt den «Key of Solomon» für ein Werk der «weißen» Magie und warnte eindringlich vor der «schwarzen», wobei ihm auch die Verwendung von Blut ein wesentliches Unterscheidungskriterium war. Die Geister werden immer im Namen Gottes, des «vierbuchstabigen» *Tetragrammaton* (nach der hebräischen vokallosen Schreibung des Gottesnamens *Jahweh* mit vier Konsonanten *J-H-W-H*) oder der Namen *Elohim*, *Adonay*, *Tzabaoth* angerufen, herbeizitiert und zur Raison gebracht. Da all dies als Werk Salomons gilt, bleiben Christus, Maria und alles Neutestamentliche ausgespart. Eine Ausnahme macht die Bezeichnung des Hl. Geistes *Paracletos.*

Die Zitation gelingt oft nicht auf Anhieb, selbst wenn der Magier mit Ysop gebadet und sich rituell eingekleidet hat. Auf die erste Beschwörung folgt daher eine zweite, drängendere. Bleibt der Dämon immer noch fern, so kann der Theurg zu einem «Zwang» (*Constraint*) greifen. Ist auch dies ergebnislos, dann ist der Dämon anderweitig beschäftigt, etwa von seinem «König» mit einer anderen Aufgabe betraut, oder er schmachtet im Höllenfeuer. Als nächstes ist also der König *Amaimon* anzurufen und im Namen des *Iehovah Tetragrammaton* zu beschwören, er möge den Dämon dem Magier zur Verfügung stellen. Geschieht dies nicht, so liegt der zitierte Geist in Höllenfesseln, die ein eigens dafür vorgesehener Fluch zerbrechen wird. Wenn der Dämon noch immer nicht erscheint, wird das Höllenfeuer selbst beschworen, ihn freizulassen. Dazu zeichnet man das Siegel des betreffenden Geistes auf Pergament, das man mit Bimsstein, *Asa foetida* und anderen stinkenden Substanzen in eine Blechbüchse verschließt und über das Holzkohlenfeuer hängt. Bleibt der Dämon sogar dann noch fern, so folgt der «Größere Fluch» (*The Greater Curse*), in dem der Magier den Dämon selbst mit dem Höllenfeuer bedroht. Sobald er nun erscheint, ist das Feuer zu löschen und der Geist mit angenehmen Düften zu begrüßen. Auch hier gibt es zwei Textformulare, die der Magier gebrauchen muß und ebenso eine verbindliche «Erlaubnis wegzugehen», nachdem der Geist das aufgetragene Geschäft erledigt hat. Um die Dämonen, die ja meist unfreundlich sind, zu zwingen und freundlicher zu stimmen, muß der Theurg sie in ein magisches Dreieck oder in das Messinggefäß bannen. All die bei dieser Prozedur gebrauchten Texte hat Crowley in das Henochische übersetzt. Sie müssen oftmals wiederholt werden, da selbst wohlgesinnte Geister nicht sogleich zu gehorchen scheinen (*Goëtia* 80–89, 97–124). «Du mußt es dreimal sagen», lehrt Mephistopheles Goethes Faust. Selbst im «Puppenspiel vom Doktor Faust» müssen die «Furien» dreimal beschworen werden: *Siste, siste, Phlegetontia Styx! Hejus, hejus! Adeste mali spiritus! Faustus vos citissime citat!* ‹Halt ein, halt ein, phlegetonischer Styx! He, he! Kommt her, böse Geister! Faustus ruft euch aufs Schnellste herbei!› (Puppenspiel 22).

Die in der «Universalzahl» 72 aufgezählten Dämonen werden in der «Goëtia» genau nach ihrem Rang (ob König, Herzog, Marquis, Graf, Ritter oder Präsident), der Zahl der ihnen unterstellten Hilfsdämonen, ihrer Erscheinungsform – häufig als teils tiergestaltige, gelegentlich mehrköpfige Mischwesen, die aber nach der Beschwörung ganz anthropomorph werden –, ihrem Charakter, Siegel und vor allem ihrem Zuständigkeitsbereich genau beschrieben. Die Ausgabe Crowleys bezieht neben seinen eigenen an art brut erinnernden infantilen Zeichnungen der Dämonen sehr hübsche Stahlstiche von Louis Breton aus dem «Dictionnaire Infernal» von Collin de Plancy (Paris 1863) ein.

Der als Jäger dargestellte «Herzog» *Barbatos* ist etwa für das Verstehen der Tiersprache, für verborgene Schätze, aber auch die Versöhnung von Freunden zuständig. Er kennt Vergangenheit und Zukunft und hat 30 Legionen Geister unter

Die Erscheinung des Asmoday

sich. *Sitri* ist ein «großer Prinz» mit Leopardenkopf und Greifenschwingen, in Menschengestalt sehr schön, herrscht über 60 Legionen und die Heterosexualität und bewirkt, daß sich die Geliebten auf Wunsch nackt zeigen. Das Gleiche vermag *Sallos*, ein Herzog, der als edler Krieger auf einem Krokodil reitet und dem 30 Legionen unterstehen. *Asmoday* (der Name von Salomons Hilfsgeist und Gegner in den Salomonsagen) ist ein großer König, der nur dem Dämonenkönig *Amaymon* direkt unterstellt ist.

Er hat einen Stier-, einen Menschen- und einen Widderkopf, Feueratem, einen Schlangenschwanz, Füße mit Schwimmhäuten, reitet auf einem Höllendrachen und führt eine Lanze mit einem Banner. Bei ihm ist besondere Vorsicht geboten, denn groß ist seine Hinterhältigkeit. Man frage daher «Bist du Asmoday?», worauf der König nach und nach klein beigibt. Er besitzt den Ring der Tugenden, lehrt Arithmetik, Astronomie und Geometrie, alle Handwerke, verrät verborgene Schätze und macht einen unsichtbar. Er herrscht über 72 (!) Legionen nachgeordneter Dämonen. *Astaroth* ist ein mächtiger Herzog, der als gefährlicher Engel, auf einem Drachen reitend, eine Viper in der Rechten, erscheint. Der Magier hütet sich vor seinem üblen Atem, indem er sich den Ring Salomons (dessen Herstellung an anderer Stelle gelehrt wird) vor das Gesicht hält. Der Herzog, dem 40 Legionen unterstehen, ist allwissend, insbesondere kennt er die Zukunft und kann über den Fall der Engel berichten.

Religionsgeschichtlich bemerkenswert ist, daß *Astaroth* die Pluralform des Namens einer altsemitischen Venus ist, die uns als sumerisch-babylonische Haupt- und Stadtgöttin *Ištar*, phönizisch *Astarte* (dazu die *Esther* der Bibel) wohlbekannt ist. Die unsinnige Pluralform *Astaroth* war auch dem Mittelalter ganz vertraut, allerdings als Name einer Teufelin. Warum nun der «Goëtia» und verwandten Texten Dämoninnen völlig abhanden gekommen sind und wie diese semitische *Venus* maskulinisiert wurde, ist mir rätselhaft. Auch in den frühneuzeitlichen Behandlungen der Faustsage, manche Versionen des Puppenspiels eingeschlossen, und sogar in der Tradition vom Golem erscheint *Astarot* als männlicher Teufel. Der in die «Goëtia» aufgenommene Stahlstich deutet entgegen dem Text jedoch die Weiblichkeit des Dämons durch Gesichtszüge und Brüste an (*Goëtia* 41, Abb. 54). Crowley zeichnete den ihm erschienenen «Präsidenten» *Foras*, der für Logik, Ethik, verborgene Schätze, Pflanzen- und Steinmagie sowie Unsichtbarmachen zuständig ist, mit einem riesengroßen erigierten Penis.

«The Key of Solomon the King» von Mathers führt zunächst die verwendeten Handschriften des BM an und läßt dann eine Fülle praktischer Anweisungen folgen. Sie beginnen mit Tabellen, aus denen sich die jede Stunde regierenden Planetendämonen und Engel entnehmen lassen, danach kommen einleitende Gebete und die verschiedenen Beschwörungstexte. Nun beginnt das erste Buch mit «Experimenten», an denen die Wirkung des Gelehrten erwiesen werden soll: die Rückgewinnung gestohlener Dinge, sich unsichtbar machen, einem Jäger das Jagdglück verderben, die Herstellung magischer Hosenbänder und Teppiche, wie man sich in Besitz eines Schatzes bringt, den Dämonen besitzen, wie man Gunst und Liebe erringt usw. Daran schließt sich die Verfertigung verschiedener Sigillen in Form von Kreisen eingeschriebenen Drei-, Vier-, Fünf-, Sechs-, Acht- und Zwölfecken mit deren Charakteren, Zeichen und Figuren. Darunter befindet sich auch das uns schon geläufige *SATOR-AREPO*-Quadrat, jedoch nun in hebräischen Buchstaben, die ja auch als Zahlzeichen fungieren können. Um das magische Quadrat mit seinen 25 Buchstaben herum steht in hebräischen Lettern ein Psalmenzitat («Er herrsche von Meer zu Meer, vom Strom bis an die Enden der Erde»; Ps. 72, 8) von 25 Buchstaben, deren Zahl, um die des Gottesnamens *IHVH* erhöht, gleich jener ist, die sich aus der Addition der 25 Buchstaben im Quadrat ergeben. Zweck der auf der Buchstabenzahl beruhenden Berechnung («Gematrie») ist es, die Ähnlichkeit oder gar Gleichheit der durch die gleiche Summe charakterisierten Sprach- und Vorstellungselemente «nachzuweisen». (In vergleichbarer Weise betrieben auch die muslimischen Magier Zahlenmystik. Doch da die Buchstaben des arab. Alphabets ja nicht als Zahlzeichen dienen, gingen sie in ihren Spekulationen von den Nummern der Koransuren und -verse aus; vgl. *Picatrix* III, 4.)

Das zweite Buch konzentriert sich auf den Theurgen selbst, auf seine Lebensführung und die seiner Gefährten, insbesondere das Fasten, das rituelle Bad mit dem Exorzismus des Wassers und der Segnung des Salzes, sodann seine Kleidung, den Ort der Experimente und die dafür nötigen Instrumente (Messer, Schwert, Sichel, Dolch, Lanze, Rute, Stab etc.). Weiterhin lehrt «Salomon» die Herstellung des Beschwörungskreises, die verschiedenen Räucherungen, die Verwendung von Wasser, Ysop, Licht und Feuer, sodann den Umgang mit Feder, Tinte und Farben. Der Magier erfährt, wie er sich das

Blut von Fledermaus und Taube beschaffen kann, ebenso wie das oft verwendete Jungfernpergament, das aus der Haut ungeborener Tiere hergestellt wurde. Den Abschluß bildet der fragmentarische Beschwörungstext eines Salomonschlüssels, den Eliphas Lévi [Zahed] (Übersetzungspseudonym für Alphonse Louis Constant; 1810–1875) aus dem Hebräischen übertrug.

Dieser französische Diakon, der sich einen hebräischen Künstlernamen zugelegt hatte, wurde zu einer Schlüsselgestalt der modernen Magie dadurch, daß er in sie erneut die jüdische Mystik der Kabbala einbezog, auf die sich schon Agrippa (1510) stützte, nachdem Giovanni Pico della Mirandola (1463–1494) sie als erster christlicher Gelehrter nichtjüdischer Abstammung in das abendländische Denken eingeführt hatte.

Wie in vielen mystischen Bewegungen geht es auch in der Kabbala um unmittelbare Gotteserfahrung, die jedoch nicht etwa durch Musik und Tanz erreicht wird wie in der chassidischen Mystik und im Sufismus, sondern durch eine spezifische Spekulation, die davon ausgeht, daß der Kosmos, insbesondere der Mensch, als Werk Gottes dem Schöpfer so ebenbildlich ist, daß zwischen diesem und jenem eine tiefe Analogie besteht. Wir haben den Gedanken eines engen Rapports zwischen Mikro- und Makrokosmos, zwischen Unten und Oben («das was unten ist, ist so, wie das, was oben ist») schon im Zusammenhang mit den Grundbegriffen der spekulativen Alchemie in der «Tabula Smaragdina» kennengelernt (s. oben S. 55). Welche Zusammenhänge hier zwischen der etwa im 1. Jh. n. Chr. bei den Rabbinern Jochanan ben Sakkai und Akiba ben Josef aufkommenden Kabbala und der etwa gleichzeitig in Ägypten entstehenden Alchemie, aber auch mit platonischen Vorstellungen bestehen und den späteren Deutungen der «goldenen Kette Homers»,[11] kann hier natürlich nicht erörtert werden. Nach kabbalistischer Auffassung ist Gott zwar allmächtig, bedarf jedoch der Menschen, um die göttlichen Urpotenzen (*sefirot*), die das All durchdringen, wirken zu lassen. Mittels der *sefirot* kann auch der Mensch in einem gewissen Ausmaß den Kosmos beeinflussen. Seine wichtigste Möglichkeit dazu ist die des Zeichens, bzw. der Sprache, die, wie im Hebräischen naheliegend, die Zahl miteinschließt. Mit Hilfe eines Wortes konnte Rabbi Löw den Golem beleben. Das wortmagische Nennen der Dämonen und Engel verleiht Einfluß auf und Gewalt über sie. Wichtig ist das Kennen der Namen, und diese stehen in vielen Dutzenden dem beschwörenden Theurgen zu Gebot. Das erklärt, warum magisches Wissen immer auch ein Namenwissen ist, aber auch ein Wissen, wie die Namen einzusetzen sind, welche Zahlenverhältnisse sie einschließen und kraft welcher göttlichen Autorität, ausgedrückt in den vielen Namen des einen Gottes, die Scharen der Engel und Geister – zu denen noch die antiken bzw. sabäischen (Planeten-)Götter, chaldäische, iranische und ägyptische Gottheiten kommen – zu bezwingen sind.

Das Verhältnis von Kabbala zur Magie läßt sich deutlich dem Werk des Juden Abraham (15. Jh.) entnehmen. Er lehrte seinen älteren Sohn Joseph die Kabbala, den jüngeren Sohn Lamech Magie, ausdrücklich als (nicht ganz gleichwertigen) Ersatz für die höherwertige Kabbala, auf die jedoch nur der Erstgeborene Anrecht habe (Abraham, XXVIII). Allerdings müsse sich dann der «Magier» Lamech von bestimmten Kreisen, Pentagrammen und Sigillen fernhalten, da diese eben nur dem Kabbalisten verständlich seien. Das Belehren des Sohnes ist ein berühmtes Motiv der Wissensvermittlung, wie mehrere magische, aber auch alchemistische Texte zeigen.

Lévi übertrug die kabbalistische Sichtweise nach England, wo er bei den Rosenkreuzern begeisterte Aufnahme fand. Auf einer ihrer Veranstaltungen erschien ihm der Geist des berühmten antiken Magiers Apollonius von Tyana. Von den

Rosenkreuzern führt die Spur seines Wirkens zum «Hermetic Order of the Golden Dawn», deren späterer Exponent Crowley, im Todesjahr Lévis geboren, sich für dessen Wiedergeburt hielt.

Die hier kurz skizzierte Dämonenlehre der pseudosalomonischen Zauberliteratur lebt heute in höchst erstaunlicher Weise in dem vom Vatikan zumindest geduldeten «Engelwerk» (*Opus Angelorum*) weiter, das auf Privatoffenbarungen einer Gabriele Bitterlich (1896–1978) beruht, die sie unter den Augen ihres Sohns, des Priesters Hansjörg Bitterlich, aufzeichnete, woraus letztlich eine «Schutzengelbruderschaft» (*Sodalitium in honorem Sanctorum Angelorum Custodum*) entstand. Heute ist der Sitz des Engelwerkes die Burg St. Petersberg bei Silz im oberen Inntal. Das Hauptwerk «Tagesengel und Engel der beweglichen Feste» (2 Bde., Innsbruck 1969) ist nicht mehr greifbar, und das eigentliche «Handbuch des Engelwerkes» (Innsbruck 1961) bleibt einem Außenstehenden unzugänglich. Trotzdem ist das Grunderlebnis, nämlich das eines fortdauernden Kampfes zwischen guten Engeln und bösen Dämonen, wohlbekannt. Hier findet sich manch ein aus dem kabbalistischen Schrifttum geläufiger Name. Kurios ist der des Dämons *Thaz* als Förderer unnötiger und gefährlicher Wissenschaft, weil er letztlich mit dem altägyptischen Gott *Thot*, dem Gott der Schrift und des Einbalsamierens, zusammenhängen dürfte (Gratheus I, 135). Besonders bedenklich scheinen «Engelnamen», die eigentlich die heilige göttliche Person bezeichnen, nämlich *St. Jesu*, aber auch *St. Elohim* und *St. Jahwe*, das vokalisierte *JHWH*. Einer der Kritiker des Engelwerkes begründet, «weshalb das Tetragrammaton eine Macht auf die Dämonen ausübt» – woran er offenbar selbst glaubt (!) – so: «1. Der Dämon ist geschmeichelt, mit einem Gottesnamen gerufen zu werden. 2. Ihm ist die mißbräuchliche Anwendung des Gottesnamens durch den Menschen angenehm. 3. Es ist denkbar, daß der

Gottesname nach wie vor eine gewisse Gewalt über die Dämonen ausübt» (Friedlmayer 49).

Die Magier sind also noch unter uns, und zwar nicht nur in satanistischen Konventikeln und modernen Hexenverbänden, sondern offenbar auch im Schoß der Kirche.

f) «Weiße» und «Schwarze Magie»

Bisher wurde der Begriff «weiße Magie» fast ganz vermieden, obwohl er einst und heute die einzige gesellschaftlich tolerierte und zulässige Form der Magie bezeichnet(e), die viele praktizierende Magier für ihre Arbeit in Anspruch nahmen und nehmen. Terminologisch ist natürlich die Farbsymbolik von «schwarz» und «weiß» evident, das mhd. Wort *nigromanzîe* ‹Schwarzkunst› ist aus *necromantia* ‹Kenntnis des Künftigen mittels Befragung Toter› durch Latinisierung (lat. *niger* ‹schwarz›) des weniger geläufigen griech. Wortelements *nékro-* ‹Leichen-› entstanden. Das Vorbild für nekromantische Befragung lieferte Saul, als er durch die «Hexe» von Endor den Geist Samuels beschwören ließ (1 Sam. 28, 6 ff.). Man bediente sich in der *craniomantia* eines mit Räucherwerk beschworenen Totenschädels, im *Picatrix* eines abgeschnittenen und einbalsamierten Kopfes (II, 12), der Fragen beantwortete (Hartlieb cap. 37).

Die «weiße Magie» ist gewissermaßen eine Abart der *magia diabolica* und keinesfalls mit der *magia naturalis* identisch.

Mathers sagte dazu: «In der Magie, d. h. in der Wissenschaft von der Kontrolle der geheimen Kräfte der Natur, gab es immer zwei große Schulen, die eine groß im Guten, die andere im Bösen; erstere die ‹Magie des Lichts›, letztere die ‹Magie der Dunkelheit›; erstere gewöhnlich abhängig von der Kenntnis und Anrufung von Engelnaturen, letztere von der Beschwörung dämonischer Rassen. Erstere wird gewöhnlich

‹Weiße Magie›, letztere dagegen ‹Schwarze Magie› genannt.» So üblich wie die Anrufung der Engelskräfte sei, so geläufig sei es, mit bösen Geistern einen Pakt zu schließen und sich ihnen zu unterwerfen. Dabei seien aber folgende Punkte zu beachten: (1) Die guten Geister und Kräfte des Lichts sind der Kraft der gefallenen und dunklen Geister überlegen. (2) Letztere hätten als Strafe den Praktikern der «Weißen Magie» zu dienen. (3) Daher entstünden alle «materialen Wirkungen und Phänomena» durch die Arbeit der bösen Geister auf Befehl der guten. (4) Umgekehrt würden die bösen Dämonen, sobald sie sich der Kontrolle der Guten entziehen können, als Racheakt jedwedes Unheil bewirken. (5) Folgerichtig würden sie versuchen, mit Menschen eher Pakte und Übereinkommen abzuschließen, als ihnen zu gehorchen. (6) Demgemäß würden sie nicht zögern, jedes Mittel zu diesem Ziel zu gebrauchen. (7) Daher müsse, wer ein Adept werden und sie beherrschen wolle, über größte Willensstärke, Reinheit der Seele und seiner Absicht, sowie Kraft zur Selbstbeherrschung besitzen. (8) Das sei aber nur durch Selbstverneinung auf allen Ebenen erreichbar. (9) Der Mensch gehöre also dem Zwischenreich an und sei dessen natürlicher Beherrscher, der «mittleren Natur» zwischen Engeln und Dämonen, weshalb einem jeden auch ein Schutzengel und ein böswilliger Dämon zugeteilt sei, desgleichen gewisse Geister, die zu «vertrauten» Haus- und Hilfsgeistern (*spiritus familiares*) werden könnten, so daß es allein am Menschen liege, welche der Kräfte die Oberhand gewinnen werde. (10) Um nun aber die niederen und bösen Kräfte beherrschen und in Dienst nehmen zu können, ist die Kenntnis des Höheren und Guten erforderlich (Abraham XXVf.).

Abgesehen von wenigen Zauberbüchern wie dem *Grimorium Verum*, die sich selbst als «schwarz-magisch» bezeichnen und gleich mit Teufelsanrufungen beginnen, bestehen die mittelalterlichen und späteren magischen Handschriften und

Drucke wie die «Goëtia» und die «Clavicula Salomonis» immer wieder auf der Anrufung göttlicher und von Engeln stammender Kräfte, die allerdings dazu führt, Dämonen dienstbar machen zu können. In den Augen eines Inquisitors wie Nicholas Eymerich (s. unten S. 161) war freilich jeder Umgang mit Dämonen höchst sündhaft, denn Innozenz V. hatte 1276 befunden, daß jedwede Unterstützung durch Dämonen doch letztlich einen Pakt mit ihnen voraussetze.

Mathers kritisiert bei diesem verbreiteten Dualismus der Geister in Engel und Dämonen, daß er den Elementarwesen nicht gerecht werde. Es sind dies die Nymphen, Dryaden, Salamander, Undinen, Meerjungfrauen, Satyrn, Faune, Sylphen, die keltischen Fairies, die germanischen Zwerge, Elben usw. Ihre Macht ist oft groß, jedoch auf einen spezifischen Umkreis begrenzt. Außerhalb dieses Bereiches sind sie sogar dem Menschen unterlegen. Wegen dieser Spezialisierung verfügen sie über geringere Macht als die Dämonen und natürlich schon gar als die Engel. Sie wirken vielfach «irrational» wie Affen oder Papageien, weshalb Mathers sie geradezu mit Tieren vergleicht (Abraham XXXII – XXXIV).

Zwischen «schwarzer» und «weißer Magie» besteht also in alter Zeit kein Gegensatz in der Zielsetzung der magischen Handlung – auch die «schwarze Magie» kann etwas Gutes wollen (wie etwa Goethes Faust, wenn er Sümpfe trockenlegen will, die Millionen Raum bieten sollen) –, aber das Verhältnis zwischen dem Magier und seinem dämonischen Helfer ist in einem Fall ein «partnerschaftliches», auf Vertrag gegründetes, im anderen Fall beim Adepten der «weißen Magie» ein beherrschendes oder herrscherliches. Der «Schwarzmagier» verhandelt mit bösen Dämonen, wo der «Weißmagier» über sie gebietet. Die Magie, wie sie der Jude Abraham und die pseudosalomonischen Texte lehren, kann «weißmagisch» gebietend durchaus folgendes beabsichtigen: Unwetter erregen, Menschen in Tiere (Esel, Rotwild, Elefanten, Eber, Hunde, Wölfe) oder Tiere in Stein verwandeln – und die Verwandlungen rückgängig machen. Die Steinverwandlung muß schwierig gewesen sein, weil das dafür benötigte magische Quadrat immerhin 144 (12 x 12) Felder hat (Abraham, 189 f.). Auch dies kann Weiße Magie herbeiführen: die Geheimnisse einer Person erfahren, Tote auf sieben Jahre wieder erwecken, in der Luft fliegen (in schwarzer oder weißer Wolke, als Adler, Krähe, Geier oder Kranich), jede Form von Haß und Zank, einen allgemeinen Krieg heraufbeschwören, jedes Schloß öffnen, sich jede Art von Schätzen verschaffen (auch wenn sie jemandem anderen gehören), Liebe erwecken (auch bei schon Verehelichten), also Ehebruch zu begehen, ein Haus oder eine Burg einstürzen lassen, vielleicht auch eine Person töten. Der Text spricht hier von einem 25er Quadrat, das man nie gebrauchen solle (Abraham, 225–227). Heute ist dieses klare Verhältnis zugunsten der Intention aufgegeben: Die «weiße Magie» heilt und hilft der gerechten Sache, die «schwarze Magie» will das Böse.

Mit dem Traktat des Juden Abraham, der, 1362 geboren, diesen als 96jähriger Greis 1458 in Deutschland abgefaßt haben soll, nähern wir uns auch dem Zeithorizont des berühmten Johannes (ursprünglich: Georg ?) Gerlach (1480/81 oder 1466–1540/41), der sich *Faust*(*us*) ‹der Glückliche› nannte und der als Muster eines «Schwarzmagiers» gelten kann. Der historische Faust hat möglicherweise in Heidelberg studiert und tritt dann 1506 mit magischen Kunststücken und Horoskopen hervor. Er nannte sich *Doctor*, wirkte als Arzt, Wunderheiler, Wahrsager und Alchemist – in manchem Agrippa von Nettesheim, mit dem er wohl auch zusammenkam, nicht unähnlich. Doch überwiegt bei Faust das negative Image eines pädophilen Prahlers, eines großen «Sodomiten und Nigromanten». Er selbst nannte sich vollmundig einen *principem necromanticorum* ‹Fürsten der Totenbefrager›, «Zweiten Simon Magus», Chiromanten, Aëromanten und Pyromanten und behauptete, die Werke Platons und Aristoteles', falls sie verloren gingen, aus der Erinnerung im Wortlaut rekonstruieren zu können. Trotz seines bedenklichen Rufes durfte Faust 1520 dem Bamberger Bischof Georg III. um 10 Gulden ein Horoskop stellen. 1540/41 soll er im Gasthaus «Zum Löwen» in Staufen im Breisgau (bei einer Explosion?) umgekommen sein.

Die Sage weiß, daß er nach Art eines Teufelbündlers einen Pakt auf 24 Jahre mit einem *Mephistopheles* genannten, als Minorit erscheinenden Teufel abgeschlossen habe, wobei er den Vertrag mit Blut unterzeichnete. Literarischen Ausdruck fand die Tradition zuerst 1587 in der in Frankfurt erschienenen anonymen «Historia von Doctor Johann Fausten», die mehrfach erweitert und ergänzt, von Tübinger Studenten dramatisiert, dann auch ins Englische, Niederländische und Französische übersetzt wurde. Sofort schuf Christopher Marlowe aus der Sage eine Tragödie, «The Tragical History of Doctor Faustus», die 1588 und 1589 in London aufgeführt wurde. Weitere berühmte Gestaltungen des Faustthemas finden sich in den Werken von Max Klinger, Lessing, Goethe, Grabbe, Heine, Lenau, Paul Valéry, Thomas Mann und bei den Komponisten Schumann, Liszt, Berlioz, Gounod und Arigo Boito, um nur die wichtigsten zu nennen. Dem Magier Faust wurden später auch Zauberbücher nach der Art der *Clavicula Salomonis* und der *Goëtia* zugeschrieben, die der Stuttgarter Antiquar Johann Scheible in seiner Schriftenreihe «Das Kloster. Weltlich und geistlich. Meist aus der ältern deutschen Volks-, Wunder-, Curiositäten-, und vorzugsweise komischen Literatur» (12 Bde., 1845–1849) in den Bänden 3, 5 und 11 sammelte (Neuausgabe: Benesch [1984]).

Es ist nicht nötig, hier die einzelnen Taten Fausts, den ein leichtfertiger Assistent Christoph Wagner und ein äußerst gelehriger Pudel *Prästigiar* begleiteten, aufzuzählen. Jedenfalls bewegt sich der Teufelsbündler in den höchsten Kreisen, sogar am Hof des Sultans in Konstantinopel, des Papstes und Kaiser Karls V., dem er Alexander d. Großen erscheinen läßt. Im Puppenspiel wirkt er am Hof des Herzogs von Parma, der nach dem Vorbild Kaiser Maximilians konzipiert ist. Einem Baron zaubert er ein Hirschgeweih an den Kopf. In Erfurt soll Faust nach einer Fassung der Historia den Studenten Homer vorgelesen und dessen Helden beschworen haben. Ebenso wollte er für eine kurze Zeit die verlorenen Komödien des Plautus und Terenz herbeizaubern. Weitere Kunststücke Fausts gemahnen an die Illusionen der *magia praestigiatrix.* Er verschlingt ein Fuder Heu, aber auch einen Hausknecht, der dann doch vor der Türe sitzt und verhindert, daß einem anderen Zauberer das Kunststück der Enthauptung mit Wiederaufsetzen des Kopfes gelingt. Wie Albertus Magnus hat Faust einen im Winter blühenden Garten. Zuletzt gewinnt er auch die schöne Helena als Buhlin – eine Sage, die ihn mit Simon Magus verbindet (Rudolph, 315 f.; Filoramo, 147 f.) –, die ihm einen Sohn *Iustum Faustum* gebiert, jedoch mit diesem nach Fausts Tod verschwindet. In seiner letzten Nacht holt der Teufel dann seine Seele, reißt ihm Zähne und Augen aus, verspritzt das Hirn an der Wand und wirft den Leichnam auf den Mist (Historia).

Faust hat großes Aufsehen erregt, wie man aus den Erwähnungen bei seinen Zeitgenossen, etwa Philipp Melanchthon und Martin Luther, und den Nachwirkungen seiner Sage entnehmen kann. Als Typus dürfte er aber kein Einzelfall gewesen sein. So behauptet der Jude Abraham, in Prag einen Mann namens Anton kennengelernt zu haben, der sich unsichtbar machen, fliegen, durch Schlüssellöcher gehen und die größten Geheimnisse ausspionieren konnte. Er hatte einen Pakt mit dem Teufel geschlossen. Man fand den Körper ähnlich entstellt wie den Fausts. In Österreich will Abraham viele Teufelsbündler getroffen haben, die Menschen töteten oder verletzten, Zwietracht zwischen Ehegatten säten und aus Weidenzweigen «Hexenknoten» machten, welche die Milch in den Brüsten der Frauen versiegen ließen. Manche hatten Pakte auf drei, manche nur auf zwei Jahre abgeschlossen. Besonders interessant ist der Bericht von der Anwendung einer Flugsalbe. Dazu hatte ihn eine Linzerin eingeladen. Doch entpuppte sich der magische Flug als Schlaf mit wollüstigen Träumen, dem auch die Hexe verfallen war, die fest glaubte, weggeflogen zu sein, während Abraham sie nur schlafen sah. Diese Salbe hatte ihr der Teufel gegeben.

Dagegen will der Jude selbst nur «weißmagische» Werke während des Konstanzer Konzils verrichtet haben: Er habe Kaiser Sigismund einen *spiritus familiaris* gegeben, Albrecht V. von Österreich und Papst Johannes XXIII. zur Flucht aus Konstanz verholfen und insgesamt nicht weniger als 8413 Personen jeder Konfession geheilt – eben nicht mit Hilfe eines Teufelspaktes, sondern durch kabbalistisches Wissen, das es ihm erlaubte, die Dämonen zum Wohle der Menschen zu zwingen (Abraham, 20 f., 28–32).

2) Zauberbücher als eigene Gattung im Grenzbereich zwischen gelehrter und volkstümlicher Magie

Gegen Ende des Mittelalters und in der frühen Neuzeit treten neben «curieuser Literatur» wie den Werken des Johannes Praetorius (für Hans Schultze, 1630–1680) mit ihren *Alpmännrigen*, *Chymischen Menschen*, *Drachen-Kindern*, *Erzimmerten Menschen* usw. magische Bücher im engeren Sinn als ein weitverbreitetes und reichhaltiges eigenes Genre hervor. Es sind Bücher, die ihrer erklärten Absicht nach die Durchführung magischer Praktiken lehren wollen. Eine Reihe dem König Salomon zugeschriebener Texte wurde schon genannt. Die Traktate ähneln einander inhaltlich sehr, haben öfter ähnliche Namen und sind heute im Buchhandel und Internet im Umlauf, nicht selten von Personen und Gruppen herausgebracht, zu deren Hauptanliegen nicht das der nüchternen Philologie zählt.[12] Neben Salomon gilt Mose als Ahnherr magischen Wissens. Ihm werden ein «Sechstes und Siebentes Buch Mosis», dann aber auch noch weitere zugeschrieben – insgesamt kommt man heute bis auf 13 Bücher. Neben dem «Schlüssel Salomons» gibt es auch einen «Schlüssel des Moses», eine «Krone des Moses» und auch das berühmte «Schwert des Moses» (in verschiedenen Rezensionen) nach den letzten Segensworten des alten Patriarchen (Deut. 33, 29), der Gott einen «Schild der Hilfe und Schwert des Ruhmes» nennt (so auch in der Vulgata; heute in der «Einheitsübersetzung» anders wiedergegeben), wobei das hebräische Wort für Schwert als einer der vielen verhüllenden Gottesnamen verstanden wurde.

Während das «Schwert des Moses» und «Die Goëtia» sofort mit den Details der Anrufungen und Beschwörungen beginnen, schicken andere Traktate eine epische Einleitung voraus, die erklärt, wie es zu dem später vermittelten Wissen kam. Das kann durchaus «märchenhaft» sein: Im *Testamentum Salomonis*, das eine Sonderstellung einnimmt, weil es zwar aufklärt, aber keine Beschwörungen konkret lehrt, wundert sich der König, daß ein ihm besonders lieber Knabe, der am Tempelbau mitwirkt und den er durch Lohn und Geschenke bevorzugt, von Tag zu Tag schwächer und kraftloser wird. Es stellt sich heraus, daß der Dämon *Ornias* dem Knaben immer Lohn und Speise stiehlt und ihm nächtens am rechten Daumen das Blut aussaugt. Auf sein Gebet hin überbringt der Engel *Michael* Salomon jenen berühmten Ring, mit dem er die Dämonen herbeizitierten und zwingen kann. Dieser Einleitungstyp entspricht im Grunde dem oben erwähnten Prinzip des *in illo tempore*. Überhaupt ist der Texttypus des Testaments sehr beliebt. Die *Clavicula Salomonis* nennt sich, wie auch bestimmte dem König zugeschriebene alchemistische Traktate, ein seinem Sohn *Roboam* (eigentlich *Rehabeam*; 1. Kön. 12; 14; 2. Chron. 10–12) anvertrautes Vermächtnis, der letzte Teil des *Picatrix* dagegen «Testament des Sokrates», alchemistische Wahrheiten bilden das «Testament Gebers», und den Charakter eines Testaments hat auch das an den Sohn *Lamech* gerichtete Werk des Juden Abraham, von dessen drei Büchern das gesamte erste Buch sich autobiographisch gibt und wie auch die pseudosalomonischen Traktate mit moralisierenden Abschnitten schließt. Für die «weiße Magie», ob alchemistisch, medizinisch oder im Amulettwesen angewandt, ist, da sie ja auf die Unterjochung von Dämonen zielt, sittliche Läuterung, innere und äußere Vollkommenheit (erreicht durch Fasten, Reinigungsriten usw.) und Geheimhaltung unumgängliche Voraussetzung. Das lehrte übrigens auch der *Picatrix* (I, 4; II, 8, 11).

Den Lehrbüchern, die magische Verfahren lehren wollen, stehen andere gegenüber, die über Magie aufklären und vorgeblich vor ihr warnen wollen. Das *Testamentum Salomonis* gehört eigentlich diesem Typus an. Er ist besonders rein durch die Werke Hartliebs, des Trithemius und Weyers repräsentiert.

Johannes Hartlieb (ca. 1400 – 1468), eine der interessanteren Gestalten der spätmittelalterlichen Kulturwissenschaft, war mit Sibylla Neufarer, der Tochter der Agnes Bernauer und angeblich Albrechts III. von Bayern-München, vermählt. Ab 1431 studierte er in Wien, wo er auch zum Doktor der Medizin promovierte. Ab 1440 lebte er wieder in München als Leibarzt der Herzöge Albrecht III. und Sigmund. Der vielseitige Autor, der z. B. auch die lateinische Liebeskunst des Andreas Capellanus übersetzte, eine «Gedächtniskunst», ein «Kräuterbuch», ein Buch über «Frauengeheimnisse» (*Secreta mulierum*), ein «Buch von warmen Bädern», aber auch ein Leben Alexanders des Großen und eine romanhafte Darstellung der Reise des hl. Brandan schrieb, verfaßte auch eine Reihe Bücher über Magie, die man am ehesten als «Aufklärungsschriften» und – gemessen am Standard ihrer Zeit – «populärwissenschaftlich» bezeichnen könnte. Sie bieten uns jedenfalls ein gutes Bild von der Breite der damals betriebenen Magie. Hartliebs Zielpublikum waren das Stadtpatriziat und der Hof. Von seinen vier einschlägigen Monographien (Rupprich [1970], 360–362; Grubmüller) haben drei mantische Zielsetzungen und entstanden etwa zwischen 1433 und 1448. Danach nehmen die Literarhistoriker eine Art Ernüchterung oder innere Umkehr in Sachen Magie an.

Als erstes ist das «Mondwahrsagebuch» (*De mansionibus*; 1433–1435) entstanden, welches das Schicksal des Menschen mit der Stellung des Mondes in seinen «Stationen» innerhalb eines 28tägigen Monats, aber auch mit der Gematrie, der magischen Ziffernsumme, des Vornamens verbindet. Diese liegt auch Hartliebs namenmantischer Abhandlung zugrunde, deren dt. Titel «Erhaltung des Sieges» oder «Von Stechen und Turnieren» gelautet haben dürfte (1440). Darin werden die Ausgänge gerichtlicher Zweikämpfe von den Zahlenverhältnissen der Vornamen der Kämpfenden abhängig gemacht. Namenslisten geben die jeweils für die Träger bestimmter Vornamen günstigen Kampftage und Stunden an. Die Namenmantik (Onomatomantie) hängt also nicht an der Namensbedeutung sogenannter «motivierter Namen» (etwa: *Sigfrid* ‹Der siegt und Frieden stiftet› oder ähnlich), sondern arithmomantisch an der Ziffernsumme, die man aus den Namen gematrisch errechnete (also: *A* = 1, *B* = 2 usw.). Eine mir bekannte Dame, die mit dem Vornamen Elisabeth hieß, ließ sich unter großem bürokratischem Aufwand in *Jesús Gwennáibim* (ein Phantasiename!) umbenennen, weil ihr nach der Arithmomantie die Zahlenverhältnisse der Ziffernsummen günstiger schienen. So läßt sich nach Hartlieb auch die Lebenserwartung von Ehepaaren auf der Basis ihrer Namen mit Rückgriff auf die Astrologie vorausberechnen. Mit der 1448 entstandenen Handlesekunst (*Buoch von der hannd*, ab 1473 auch gedruckt) wird erstmals die Chiromantie in das deutsche magische Schrifttum einbezogen. Das der Gemahlin Albrechts III. gewidmete Werk verzichtet auf theoretische Erörterungen, bildet vielmehr 44 Handpaare beider Geschlechter ab und gibt dazu an, was sich aus ihnen über die leibliche und seelische Konstitution, aber auch über das Schicksal (Liebe, Ehe, Kinder, Krankheiten, Todesart ...) der zugehörigen Personen herauslesen läßt. Da diese Art der Magie auch heute noch in vollem Schwang ist, hat Hartliebs Buch nichts an Aktualität verloren.

In die Phase der angeblichen oder wirklichen Absage an magische Praktiken fällt das für den Markgrafen Johann («den Alchemisten») von Brandenburg-Kulmbach um 1455/56 verfaßte «Buch aller verbotenen Kunst» (*Puoch aller verpoten kunst, ungelaubens und der zaubrey*). Da es eine Art Kronzeuge des spätmittelalterlichen magischen – vor allem mantischen – Glaubens ist, muß ich seinen Inhalt hier doch etwas genauer umreißen. Dabei bezeichnen im Folgenden die Zahlen in Klammern die Kapitel des Werkes.

Die Vorrede beginnt mit einem Gebet: Die ewige Weisheit göttlicher Majestät ... möge *doktory Hartlieben* soviel Klugheit angedeihen lassen, daß er die unzähligen Formen des Aberglaubens (*ungelauben*) beschreiben und zusammenstellen könne, die listig und trügerisch unter dem Anschein des Guten getrieben würden (1, 2). Auch im Folgenden wird dem Leser immer wieder eingehämmert, wie sündhaft die – dankenswerterweise – detailliert geschilderten Praktiken seien. Hartlieb gibt sich als Aufklärer und Retter schwacher Seelen. Die nächsten Kapitel nehmen so auffällig einen kirchlichen Standpunkt ein (2, 3), wie es angesichts der Inquisition, die wir schon gegen die Hersteller eines künstlichen Kopfes einschreiten sahen (s. oben S. 49), empfehlenswert war.

Es geht also darum, welches der rechte Glaube und was sein Nutzen sei (4), daß der Teufel keinen Menschen zwingen könne (5), daß man den Teufel nicht um Rat fragen dürfe (6), warum Gott dem Teufel verschiedenes erlaube (7), ob der Teufel die Gedanken kenne (8), ob man dem Teufel folgen solle, wenn er etwas Gutes riete (11), wie der Teufel in einen Menschen fahren könne (19) ... Gewöhnlich nimmt Hartlieb den rationalen – manchmal hausbacken anmutenden – Standpunkt vernünftiger Skepsis ein, etwa wenn er die beschränkten Möglichkeiten der Sternseher erwähnt, die hier nur auf die Himmelsbeobachtung im Sinne unserer Astronomie beschränkt erscheinen, oder erklärt, wie Metalltemperatur und Gußhöhe beim Bleigießen die entstandenen Formen bestimmen (96). Allerdings ist er oft geneigt, schon dort mit teuflischem Einfluß zu rechnen, wo wir mit dem Zufall das Auslangen fänden.

Die *nigramancia* dagegen setze immer ein Teufelsbündnis voraus (22). Im Folgenden (23–29) entwirft Hartlieb ein recht umfassendes Panorama dieser Schwarzkunst. Neben magischen Büchern wie dem *Sigillum Salomonis*, der *Clavicula Salomonis*, der *Ars notaria* (*Notarey*), dem pseudosalomonischen *Liber sacratus* (*das gesegent puech*), die wir alle schon kennengelernt haben, werden auch ein Buch *Schamphoras*, eine «Hierarchie» (*Jerarchia*), das Buch «Rasiel» (*Liber Raselis*, ein auch sonst bekannter Engelkatalog) und auch das oben erwähnte «Kiranides» (das *puoch Kyrannidorum*; s. S. 60) genannt (23), was natürlich besonders bei letzterem erstaunt, hatte es doch auch vor den Augen des Philosophen und Mystikers Raimundus Lullus Gnade gefunden. Doch Lullus und seine Anhänger standen bei einem berühmten Inquisitor wie Nicholas Eymerich (s. unten S. 161) selbst auf der Abschußliste. Der magiebegierige Leser findet bei Hartlieb (35) natürlich auch den *Picatrix* erwähnt, das Nonplusultra für Zauberpraktiken, Beschwörungen, Rezepte und jede Art sehr befremdlicher Verrichtungen wie Kinderopfer, Menschenopfer für Mars, Saturnopfer und Orakel mittels abgeschnittener Köpfe bei den Sabäern im heutigen Jemen (III, 7). Weitere wichtige Autoren sind: *Thebit* (Abu l-Hasan Thabit ibn Qurra ibn Marwan as-Sabi' al-Harrani aus dem heutigen Irak; 826–901), *Phtolomeus* (Claudius Ptolemaeus; Mitte 2. Jh. n. Chr.), Leopold von Österreich (ein Astrologe um 1270) und der bedeutende spanische Arzt und Alchemist Arnaldus von Villanova (um 1235–1311). Daß auch Albertus Magnus und Thomas von Aquin magische Traktate verfaßt hätten, kann Hartlieb nicht glauben (27). Insbesondere die verschiedenen mantischen Verfahren, die er früher selbst lehrte, stehen nun am Pranger, wobei er sich auf das ins Einzelne gehende Verbot im Deuteronomium (5. Mos. 18, 10 f.) stützt (40).

Zunächst das Losen (42–49): Es kann mitunter erlaubt sein, haben doch die Apostel selbst um den Judasnachfolger Matthias gelost (Apg. I, 15–26). Aber das Losen über den zukünftigen Ausgang, etwa eines Zweikampfes, ist reine Scharlatanerie und sündhaft. Das gilt ebenso für die Verwendung von Losbüchern – auch wenn sie halb scherzhaft sind wie das Bollstatters (s. oben S. 26 f.). Mantik kann sich der vier Elemente bedienen: die mit Sand ausgeübte Geomantie oder «Punktierkunst» – die ein eigener, früher Hartlieb zugeschriebener Traktat ausführlich darstellt – der Erde (38 f.), die Hydromantie des Wassers, die Aëromantie der Luft und die Pyromantie des Feuers (53). Es sind schon antike Praktiken, die nun ziemlich detailreich dargestellt werden – um sie zu verwerfen.

Die Hydromantie etwa verdankt ihre Wertschätzung dem Glauben, daß das Wasser nicht von Gott geschaffen, sondern schon immer dagewesen sei, weil es in der Genesis (1, 1 f.)

heißt, Gott habe im Anfang Himmel und Erde erschaffen und sein Geist habe «über den Wassern» geschwebt (54). Demnach müßten im Wasser ganz besondere Geister mit ihrem Gebieter *Salathiel* (58) wohnen, die alle vergangenen und zukünftigen Dinge wüßten. Der Magier schöpft aus drei Quellen an einem Sonntag vor Sonnenaufgang Wasser in ein reines Glasgefäß, stellt eine brennende Kerze dazu, spricht einem unschuldigen Knaben unverständliche Zauberworte vor und läßt ihn berichten, was er im Wasser sieht (55–58). Das heute noch vielerorts in der Silvesternacht geübte Bleigießen, das auch als Beispiel für Pyromantie gelten kann (62, 96; RPh 97), wird ebenso verdammt wie das Schwimmenlassen von Spänen, um etwa aus dem früher sinkenden Span auf den baldigen Tod einer damit bezeichneten Person zu schließen (63). Auch die *Lekanomantia* ‹Becken-Wahrsagekunst› gehört hieher: Man prognostizierte den Ausgang eines Zweikampfes, indem man die Namen der Kämpfer auf Zettel schrieb, diese mit Wachs überzog und in einer Schüssel untertauchte. Der Zettel des künftigen Siegers stieg als erster an die Oberfläche (47).

Die Aëromantie (67–79) findet Hartlieb im «Angang» (s. unten S. 132), in der Divination des Vogelflugs (vgl. die antike religiöse Praktik der Auguren), aber auch im Niesen, das er für einen «kleinen Schlagfluß» hält und das dadurch entstehen soll, daß die warme Luft aus dem Kopf durch enge Öffnungen jählings ausgetrieben wird, bevor sie einen Schaden anrichtet. Unser «Helf Gott, daß es wahr ist!» scheint Hartlieb nicht gekannt zu haben. Dreimaliges Niesen bedeute bei ihm, daß vier (!) Diebe ums Haus schleichen (73 f.). In die Aëromantie gehören auch die Kometen, die angeblich etwas über Pestepidemien aussagen können, wie *Albumasar* (Dschafar abu-Masar; 805–885) lehrte. Doch müsse man mit der Auslegung sehr vorsichtig sein (75–77). Im Allgemeinen glaubte man, daß dort, wo der Kometenschweif hinzeige, die

Katastrophe sei – so lehrte es auch der «Lucidarius», eine wichtige Quelle mittelalterlichen Naturwissens.

Vielfältig sind die pyromantischen Verfahren. Bald glaubt man aus Flammenfärbung und Rauch direkt (80–82), bald mittels eines Spiegels aus poliertem Stahl mit oder ohne Medium eines unschuldigen Knaben prophezeien zu können (86). Besonders sündhaft ist die Pyromantie mittels eines polierten Kristalls (auch einer Kristallkugel). Die Befragung findet in einem Raum mit vielen geweihten Kerzen statt. Der Magier fragt den Knaben, ob er im Kristall einen Engel sehe. Ist dieser rot oder schwarz, so ist er erzürnt und muß durch Kerzen und Gebete versöhnt werden, bis er weiß ist. Der Engel hat dann ein beschriebenes Blatt in der Hand, dessen Botschaft der Knabe dem Magier vermittelt (89 f.). Eine Steigerung dieses Frevels entsteht noch dadurch, daß der Knabe unter Anleitung eines Priesters (!) in einen polierten Hostienteller (die Patene, auf der die Wandlung durchgeführt wird) schauen muß. Hartlieb klärt den Leser auf: der Teufel kann auch in der Patene sitzen, gerade so, wie er bei Christi Tod auf dem linken Arm des Kreuzes saß (94 f.)!

Diesen mantischen Praktiken mit Hilfe der Elemente lassen sich noch andere zur Seite stellen: so die vorwiegend von Frauen betriebene Chiromantie (Handlesekunst), die Hartlieb selbst noch 1448 gelehrt hatte, und die man im Mittelalter gerne auf Aristoteles zurückführte. Hier heißt ihr Erfinder *Mancius*, wohl aus Vermischung von *manus* ‹Hand› und *Mantik*, so wie die *Physionomia* ‹Gesichtslesekunst› von einem Meister *Pyson* hergeleitet wird (98 f.). Das Mittelalter liebte Beglaubigung durch solche «Etymologien». Die «Physiognomie» belehrt nicht nur, wie Aristoteles sagte, über Gestalt und Charakter der Menschen, sondern nach Meinung der Magier auch über deren zukünftiges Schicksal, ihre Frauen, Kinder usw. (99). Wie zur Zeit Hartliebs wird auch heute noch in der Chiromantie gefragt, ob der kleine Finger über den Ansatz des letzten Fingergliedes des Ringfingers hinausrage. Ragt er darüber hinaus, bedeutet das großes Glück, ist er kürzer, so ist sein Besitzer ein notorischer Pechvogel (102). Kulturgeschichtlich höchst interessant ist, daß hier Hartlieb vor allem die Roma (*zygeyner*) mit der betrügerischen Handlesekunst verbindet. Ja, er berichtet, sogar selbst auf Druck seines Gesindes eine angesehene Handleserin befragt und festgestellt zu haben, daß diese ihm nur sagte, was er gerne hörte (103–108). Eine weitere betrügerische Form der Mantik geht von den Fingernägeln und ihren hellen Flecken aus (83, 112).

Nach Hartlieb hat dann der Pfarrer und Hofastrologe des Mainzer Bischofs, Johannes Rosenbach vom Hayn de Indagine (etwa 1446–1537), ein Freund Matthias Grünewalds, eine «Einführung in die Kunst, Geburtshoroskope zu stellen» (*Introductiones apotelesmaticae*), verfaßt, die 1522 auf Latein, im Folgejahr auf Deutsch erschien. Darin geht er nicht nur von astrologischen Prinzipien aus, sondern bezieht auch Chiromantie und Physiognomie (besonders Schädelformen) ein. Hier begegnet uns gewöhnlich eine Mischung aus Alltagspsychologie und -vorurteil, sowie Berufung auf antike Autoritäten, insbesondere auch der Astrologie, so wenn es in Bezug auf Behinderte (*gezeichnete*) heißt: *Hyebey wer ettwas besonders zu sagen/ warnungs weiß/ von den gezeychneten/ oder glydbruchigen von natur/ so nit uß kunst*[13]*/ zufall oder zaubernib* [!] *verderbt seind/ sich ir zu mässigen/ und wenig geselschafft mit jnen zu halten. Wenn uß ansag Galeni/ Hippocratis der weisesten rechterfarenen ärtzten/ und naturlichen meisteren/ seind solich gezeichnete menschen (es sey am mund/ naßen/ angesycht/ am leib/ an henden oder füssen hinckend oder sunst lam/ weliche auch von natur dem gehässigen Planeten Saturno underworffen seind) sonderlich abschewlich anderen gemeynen menschen.* Das wird auf *den widerwertigen ynflüssz der widerwertigen Planeten* zurückgeführt (Indagine 36v). Illustriert wurde das Werk von Hans Baldung Grien und Hans Wechtlin.

Allerlei Aberglaube hielt sich an Knochen (115–131). Die *Spatulamantia* versuchte, aus dem gereinigten und mit Weihwasser gewaschenen Schulterblatt (*spatula*) eines größeren Tieres oder gar Menschen Prognosen zu stellen (115–120). Insbesondere wurde auch das Brustbein der zu Martini gegessenen Gans zur Mantik herangezogen (120–125). Hier stellt Hartlieb allerlei rationale Erwägungen an, um die Nichtswürdigkeit dieses mantischen Praktiken zu erweisen, wobei er letztlich beim Glauben an *Wechselbälge* (oder *Kielkröpfe*) landet, vom Teufel oder anderen Dämonen vertauschten Kindern, die dahinkümmern und mit drei Jahren verschwinden (129; s. auch unten S. 141). Kurios ist noch eines der letzten Kapitel, das erneut vom Gänseknochen handelt und in dem Hartlieb folgende Anekdote erzählt, die deswegen lehrreich ist, weil sie zwei Prognoseverfahren einander gegenüberstellt, wobei kein Zweifel besteht, daß Hartlieb selbst an das von ihm vertretene astrologische glaubte.

Ein berühmter Hauptmann des Deutschen Ritterordens habe ihn am 6. Dezember 1455 gefragt, wie der kommende Winter nach der Meinung der Sternkundigen würde. Hartlieb habe «kühn» erwidert, da Saturn in ein Zeichen eingetreten sei, das von feurigem Element geprägt werde, würde es in diesem und den beiden Folgejahren keinen strengen Winter geben. Da zog der tapfere christliche Hauptmann einen Gänseknochen aus seinem Gewand und wollte dem Doktor weismachen, daß es nach Mariä Lichtmeß (2. Februar) sehr kalt werde «und sagte mir, daß die Herren des Deutschen Ordens in Preußen alle ihre Kriege – im Sommer und im Winter – nach Weisung des Gänseknochens geführt hätten, ... und solange der Orden dem Knochen folgte, hätte er es zu hoher Würde und großer Ehre gebracht. Da sie aber davon abgekommen seien – weiß Gott, wie es nun um sie stünde» (130).

Sehen wir zum Abschluß, wie ergreifend der bayerische Arzt das Grassieren der einst von ihm selbst geförderten Magie beklagt: «Ach, mein süßer lieber Jesus, warum gestattest du das oder warum leidest du, daß der böse Teufel dein mühevoll erlöstes Volk so betört und betrügt? Sei deinen Geschöpfen gnädig und laß um deines heiligen Namens willen nicht zu, daß sie so verführt werden. Amen» (126).

IV. Magie im Volksglauben

Der Begriff «volkstümliche Magie» könnte irreführend sein. Gemeint ist primär die nicht-wissenschaftliche, im Gegensatz zu der bisher erörterten Theurgie. Der gewöhnliche Stadtbürger und die ländliche Bevölkerung werden nicht so leicht an den *Picatrix* oder die pseudosalomonischen Traktate vom Typus der *Ars notaria* herangekommen sein, solange diese lateinisch waren, wenn sie nicht von lateinkundigen Studierten (d. h. «Klerikern») vermittelt wurden. Die (wissenschaftliche) Beschäftigung mit der Signaturenlehre, den pseudosalomonischen Dämonenkatalogen und der auf kabbalistischen Spekulationen beruhenden Theurgie des Juden Abraham darf jedoch von der Magie, wie sie breite Kreise der Bevölkerung übten (und üben), nicht ablenken. Im 15. und 16. Jh. wird zwar die magische Literatur auch durch volkssprachliche Übersetzungen zugänglich und damit auch einer breiteren Rezeption erschlossen, dennoch blieben große gesellschaftliche Unterschiede. Auch im 19. Jh. war die Magie, die Mathers oder Yeats im Hermetic Order of the Golden Dawn zu ihrer eigenen Vervollkommnung übten, nicht mit der weniger sublimen Alltagsmagie vergleichbar, die etwa die Volksmedizin gegen ein ganz konkretes Leiden einsetzte. Im Mittelalter hat allerdings auch der Klerus als Vermittler gewirkt, wenn er mitunter selbst magische Handlungen ausführte, indem er den Hostienteller zu pyromantischen Zwecken entfremdete oder gar die Laien magische Praktiken lehrte. Im Gerichtssaal war als Verteidigung durchaus zu hören: «Das hat mir ein Pfaffe beigebracht, wie sollte es denn böse sein?» (Vintler 7701 f.).

1) Literarische Quellen

Der umfassendste Katalog magischer Handlungen aus dem deutschen Spätmittelalter stammt von Hans Vintler († 1419), dem Angehörigen eines angesehenen Bozener Patriziergeschlechts und Neffen von Niklaus Vintler (um 1345–1413), der als ihr Besitzer die Burg Runkelstein mit den bedeutendsten profanen gotischen Freskenzyklen hatte ausmalen lassen. Hans Vintler stand seit 1407 im Dienst Herzog Friedrichs IV. von Tirol und war Pfleger des Gerichtes Stein auf dem Ritten bei Bozen, später Amtmann an der Etsch und Gesandter in Venedig.

Sein Werk «Blumen der Tugend» (*Pluemen der tugent*) entstand vor 1411 als Bearbeitung der italienischen Prosa-Exempelsammlung *Fiore di virtù* eines Benediktiners Tomaso Gozzadini aus Bologna. Diese führte in Anschluß an die *Summa theologiae* des Thomas von Aquin 35 Tugenden und Laster auf, die einander gegenübergestellt, durch Tiereigenschaften erläutert, durch Zitate «bewertet und durch eine Historie verdeutlicht werden» (vgl. Müller). Vintler hat jedoch Gozzadinis Werk nicht einfach übersetzt und in Reime gebracht, sondern durch viele eigene Zutaten, gelehrte und aus dem Alltag gewonnene, erweitert. Von den über 10 000 Versen der Tugendblumen sind 373 (7696–7995, 8171–8245) einer Aufzählung abergläubischer Vorstellungen und damit meist auch der Magie gewidmet, also eine Hauptquelle für unser einschlägiges Wissen.

Es gibt allerdings noch eine große Zahl anderer Nachrichten über den mittelalterlichen Volksaberglauben, vor allem in didaktischen Werken. Als besonders bemerkenswert sei der «Lotterpfaffe» Johann von Nürnberg genannt, der in seinem kleinen Sittenbild vom «Leben der Fahrenden» (*De vita vagorum*) voll galliger Selbstironie die Existenz eines sozialen Außenseiters schildert, der sich u. a. dadurch erhält, daß er die magischen Anliegen der kleinen Leuten befriedigt.

2) Der kirchliche Einschlag in Volksaberglauben und volkstümlicher Magie

Man kann sich gut vorstellen, daß in dem Umfeld solcher «Lotterpfaffen» auch Zaubersprüche entstanden, die vorgeben, lateinisch zu sein. Das gilt von *hokus-pokus*, das man sich durch Entstellung der Wandlungsworte *hoc est corpus meum* ‹das ist mein Leib› entstanden denkt – es gilt auch in England, wo später *hoc est* zu *hoax* ‹Schwindel› entstellt wurde –, aber auch von dem rätselhaften *hax pax max deus adimax* (14. Jh.), das wohl in dem mir aus der Kindheit vertrauten *hexipex* weiterlebt. Kurioserweise hat diese Entwicklung im islamischen Raum insofern eine Parallele, als die Eröffnungsworte *Bismi allah rahman i rahim* ‹im Namen Gottes, des Allbarmherzigen› von 113 Koransuren in entstellter Form *simsalabim* ergeben haben sollen.[14] Mehrfach wurden heilige Texte selbst magisch verwendet. Trägt ein Delinquent bei der Folter einen Zettel mit Ps. 10, 15 auf dem Rücken, so kann ihm diese nichts anhaben (RPh 181). Der Text lautet: «Zerbrich den Arm des Frevlers und des Bösen, bestraf seine Frevel, so daß man von ihm nichts mehr findet.» Auf einem Goldstreifen im 2009 gefundenen angelsächsischen Goldschatz von Staffordshire (7. Jh.) findet sich als lat. Inschrift ein Vers aus Mose Num. 35: «Steh auf, Herr, dann zerstreuen sich deine Feinde,/dann fliehen deine Gegner vor dir», den Mose gesprochen haben soll, als die Juden mit der Bundeslade vom Sinai aufbrachen. Vielleicht sollte das Zitat einen besonderen Wertgegenstand schützen. Wollte man Unheil über jemanden herbeibeten, was man *mortbeten* nannte, so bediente man sich des Psalms 109, der als «Fluchpsalm» gilt. Man mußte ihn ein Jahr hindurch täglich zweimal beten, um den Tod einer bestimmten Person zu veranlassen. Unterließ dies der Betende auch nur ein einziges Mal, so war es sein eigener Tod. Besonders sündhaft ist natürlich, das Vaterunser «umgekehrt» herzusagen, was heute noch in satanistischen Kreisen (auch in der Pop Music des Gothic Metal) vorkommt oder auch nur imaginiert wird.

Nach dem *in illo tempore*-Schema entstand der Heil-, Segen- und Zauberspruch für Lateinunkundige, für die ich drei Beispiele aus dem 14. und 15. Jh. vorstelle. Bei Verena Holzmann wird man viele Varianten finden. Meist schließen diese «Segen» an ein angebliches Ereignis der Vorzeit an, in welchem die aktuelle Situation sozusagen exemplarisch vorweggenommen ist, das gut ausging und daher durch seine Autorität auch im gegenwärtigen Fall eine Lösung bieten soll (1). Gelegentlich begnügen sie sich mit der Erwähnung von Christi Leiden (2) oder enthalten überhaupt nur Gebetsworte und einen Hinweis auf Marias Aufnahme in den Himmel (3). Die Ziele dieser Segen sind durchaus irdischer, im Folgenden Beispiel (2) sogar explizit sündhafter Natur. Bezeichnenderweise spannt dieser «Segen» ja auch den Teufel als «Helfer» ein, unterscheidet sich also von den «gelehrten» pseudosalomonischen Beschwörungen nur durch seine Schlichtheit, die ihn trotz der genannten *characteres* als «volkstümlich» ausweist. Der Typus des «Wurmsegens» formuliert sogar – politisch ganz korrekt – «Ich beschwöre dich Wurm und Würmin …»

(1) Gegen Diebstahl: «Das nachfolgende Gebet sollst du dreimal in einem Raum sprechen, in dem dich niemand stört, so kommt dann ein Engel und beantwortet dir, wonach du fragst. Der heilige Christus stieg mit vielen Engeln vom Himmel. Dabei trug er in seinen Händen ein Bild des Herrn. Er rastete unter einem Baum und schlief fest ein. Da kamen böse Diebe und stahlen ihm das Bild des Herrn. Als er erwachte,

trauerte er sehr. Da sprach die gnadenvolle Frau St. Maria: ‹Es wird schon noch gut werden. Wir werden den Gegenstand des heiligen Kindes heute nacht auf dieser Erde noch finden.› Herr Sabaoth, ich bitte dich durch deinen eingeborenen Sohn Jesum Christum, daß du mir meine Sünden vergibst und mir ein gutes Ende bereitest ... Diesen Segen kannst du sprechen, wenn dir oder einem deiner guten Freunde etwas gestohlen wird, was der Rede wert ist und einen Schaden bedeutet, nicht wegen einer Geringfügigkeit ...» (Nach einer Handschrift von 1347 aus Sankt Paul im Lavanttal, abgedruckt in DM III, 497).

(2) Um die Geliebte herbeizuzaubern: «Geh zu einem Zaunstecken und sprich: ‹Zaunstecken ich weck dich. Ich möchte mein Lieb, ich verlange mehr nach ihr als alle Teufel der Welt. Ich berühr' dich, Zaunstecken, her zu mir! Alle Teufel mögen dich wecken und in das Haus führen, in dem meine Liebste wohnt, fahr dort in die vier Wände, wohin immer sich meine Liebste kehrt. ... Ich sende dir einen Bock als Pferd. Ich ruf euch alle: bei den drei mächtigen Nägeln und dem rosenfarbenen Blut, das Gott aus seinen heiligen Wunden floß. Ich befehle euch, hieher ihr Teufel. Bringt mir zwischen Himmel und Erde meine geliebte N. N., führt sie über die Bäume her, ohne daß sie die Erde berührt, so wie es mit Maria geschah, als sie in das Reich ihres Kindes fuhr!› Nimm die *caracteres* an dich und blas dreimal auf die Hand und schlage dreimal gegen den Zaunstecken, dann können sie dir nicht schaden» (DM III, 498 f.).

(3) Um sich ein Zauberpferd zu beschaffen: «Willst du ein Pferd machen, das dich trägt, wohin du willst, so nimm nächtens das Blut einer Fledermaus und gehe heimlich an eine Hausecke (?) und schreib an die Haustür und die [Lücke im Text] ‹Im Namen *omnii. geapha. diado.*› Sobald du das geschrieben hast, geh eine Weile weg und komm dann wieder. Dann findest du ein Pferd mit Sattel, Zaum und allem Reit-

zeug. Bevor du aufsitzst, tritt mit dem rechten Fuß in den linken Steigbügel und sag: ‹Ich beschwöre dich, Roß, beim Vater und beim Sohn und beim Heiligen Geist und beim Schöpfer des Himmels und der Erde, der alle Dinge aus nichts geschaffen hat. Ich beschwöre dich, Roß, beim lebendigen, wahren und heiligen Gott, daß du mir an meinem Leib, meiner Seele und meinen Gliedern nicht schadest oder sie behinderst.› Dann sitz fröhlich auf! Du brauchst dich nicht segnen noch fürchten. Sobald du dort bist, wo du gerne sein wolltest, nimm den Zaum und vergrab ihn in der Erde. Willst du das Roß wieder haben, so nimm den Zaum und schüttle ihn kräftig, so kommt das Roß wieder. Beschwör es wie zuvor, sitz auf und reite, wohin du willst und sieh zu, daß du den Zaum wohl bewahrst. Verlierst du den Zaum, so mußt du das Pferd wieder machen» (nach einer Heidelberger Handschrift abgedruckt in DM III, 498). Kurios ist, daß auch Hartlieb dieses Zauberpferd, das er für den leibhaftigen Teufel hält, kennt und dringend vor dieser Praktik warnt (31). Von einer Beschwörung im Namen Gottes ist bei ihm nicht die Rede, die Zauberworte lauten *Debra ebra* und sind vielleicht aus *abrakadabra* entstanden.

3) Typologie von Volksaberglauben und -magie

Ich versuche nun in aller Kürze, verschiedene Formen der Volksmagie und des von ihr vorausgesetzten Aberglaubens in einigen thematischen Gruppen beispielhaft nach Fritz Byloff anzuordnen. Die einzelnen Kategorien dieses Überblicks sollen dann durch Autoren wie Vintler, Johann von Nürnberg, fallweise auch Hartlieb und andere belegt werden. Denn natürlich ist auch vieles von dem, was Hartlieb verwirft, nicht nur unter Gelehrten und bei Hof, sondern auch in breiteren Kreisen geübt worden.

Die
gestriegelte
Rocken=
PHILOSOPHIE,
Oder
Aufrichtige Untersuchung
derer
Von vielen *super* - klugen Weibern
hochgehaltenen
Aberglauben,
Allen denen nützlich zu lesen / die ent=
weder schon ehemahls von ein= und andern
Aberglauben betrogen worden sind, oder
noch betrogen werden können;
An das Licht gestellet von dem,
der einem jedweden die Wahrheit
Jns Gesicht Saget.

Titelblatt der Chemnitzer Rocken-Philosophie

Ein wichtiger Zeuge der frühen Neuzeit ist «Die gestriegelte Rocken=Philosophie, Oder Aufrichtige Untersuchung derer Von vielen *super*-klugen Weibern hochgehaltenen Aberglauben, Allen denen nützlich zu lesen/ die entweder schon ehemahls von ein- und andern Aberglauben betrogen worden sind, oder noch betrogen werden können; An das Licht gestellet von dem, der einem jedweden die Wahrheit Jns Gesicht Saget» von dem Apotheker Johann Georg Schmidt (1660–1722), die zuerst 1705, dann 1718 bis 1759 mehrfach in Chemnitz gedruckt wurde und danach «Chemnitzer Rockenphilosophie» (RPh) heißt. Das Wort *striegeln* bedeutet hier eigentlich ‹verprügeln›. So wird es seit dem 17. Jh. im Sinne von ‹kritisieren› verwendet, und genau das ist das Anliegen des aufgeklärten Verfassers.

Die «Philosophie» der «Spinnrocken» – und damit der Frauen – wird gegeißelt, indem Schmidt 600 abergläubische Meinungen bzw. magische Handlungen zunächst in einem kurzen Satz vorstellt und dann im Sinne nüchtern-hausbackener Vernunft zu Tode kritisiert. So besagt Aberglaube 595: «Das Wasser leidet keinen todten Leichnam/drum kan auf Schiffen keine Leiche geführet werden.» Diese auch heute noch geläufige Vorstellung wird nun damit zusammengebracht, daß der Leichnam scheinbar vom Wasser ausgeworfen wird, indem er an die Oberfläche schwimmt. «Wenn aber solche todte Cörper, ehe sie gar putresciren, vorhero anfangen zu fermentiren oder gehren, so erregt oder gebührt gleichsam die fermentation innerlich viel Lufft-Bläßgen, dann heben sich solche Cörper wegen der in sich erregten Lufft wieder in die Höhe nach der Lufft. Denn ein iedes Element lenckt sich gerne zu dem Hauptklumpen seines gleichen ...» Nach Schmidt ist es nur eine Frage des Standes, ob ein toter Matrose über Bord geworfen oder ein Fürst einbalsamiert und an Bord mitgeführt wird. Und wie wären denn all die ägyptischen Mumien zu uns gekommen, wenn das Wasser keinen Toten litte? Auf solche Art geht der Apotheker mit dem Volksaberglauben ins Gericht und – wie das Beispiel zeigt – keineswegs nur mit dem weiblichen. Eine stark misogyne Einstellung ist der umfangreichen Rocken-Philosophie allerdings doch nicht abzusprechen.

Solche Aufklärungsschriften hatten indessen zur Zeit Schmidts schon eine gewisse Tradition: Vorausgegangen war «Die Evangelien der Kunkeln» (*Les évangiles des quenouilles*), eine satirische Darstellung des 15. Jh. von etwa 230 Beispielen für Aberglauben aus der Picardie und Flandern durch sechs karikierte Frauen, die wochentagweise als Evangelistinnen auftreten. Die Kunkel-Evangelien, die Fouquart de Cambray, Anthoine du Val und Jean d'Arras zugeschrieben werden, waren in zwei Handschriften, aber einer Vielzahl von Frühdrucken verbreitet, sowie je einer Übersetzung ins Englische, Niederländische und ins Deutsche («Des Kunkkels oder Spinnrockens Evangelia vom Montag an biss auff Sambstag mitsampt den Glossen zu Ehren den Frawen beschrieben», Köln 1537). Ein Zusammenhang mit der Chemnitzer Rockenphilosophie scheint noch wenig erforscht.

a) Dämonengestalten

Zunächst ist zu bedenken, daß im Sinne religiöser Kontinuität noch da und dort Göttergestalten aus der antiken und germanischen Heidenzeit als Dämonen und Geister weiterbestanden. Der germanische Windgott *Wōdan* lebt als Anführer der Wilden Jagd, das ihm dargebrachte Hängeopfer im Glauben weiter, ein jäher Windstoß bedeute, daß sich jemand erhängt habe. Dagegen wandelte sich das Bild des Donnergottes *Donar* zu einer Gottheit, die speziell auch für die Fruchtbarkeit zuständig war. Unter christlichem Einfluß sind oft ursprünglich gütige Wesen zu bösartigen herabgesunken.

Hier muß ein Katalog bereits des 8. Jh.s erwähnt werden, der für die Durchführung der Sachsenmission zusammengestellt wurde, allerdings schon ältere Aberglaubenskataloge aus dem gallo-romanischen Raum voraussetzt und daher auch römische und keltische Glaubensreste und Magie mit einschließt. Es ist der in einer vatikanischen Handschrift zusammen mit dem altsächsischen Taufgelöbnis überlieferte *Indiculus superstitionum et paganiarum* (‹Kleines Verzeichnis des Abergläubischen und Heidnischen›), dessen einzelne Punkte ich hier anführe: (1) Frevel bei den Gräbern der Toten, (2) Frevelhafte Totengesänge (*dādsisas*) über Verstorbenen, (3) Unflätige Feste im Februar (vielleicht verwandt mit den römischen *Spurcalia*, deren Name im rheinischen *Sporchel* ‹Februar› weiterlebt), (4) Von den Heiligtümern in

Form kleiner Hütten, (5) Sakrilegien im Zusammenhang mit Kirchen, (6) Über *nimidas* genannte Waldheiligtümer, (7) Von dem, was über Steinen verrichtet wird, (8) Über die Verehrung des Merkur oder Jupiter (gemeint sind *Wōdan* und *Donar*), (9) Über Opfer, die man einem Heiligen darbringt, (10) Über Amulette und Knoten, (11) Über Opferquellen, (12) Über Zauberlieder, (13) Über Vorhersagen aus dem Mist von Vögeln, Pferden und Rindern und aus dem Niesen, (14) Über Weissagung und Loswerfen, (15) Über Feuer (*nōdfȳr* ‹Notfeuer›), das man durch Reiben von Hölzern erzeugt,[15] und das Viehkrankheiten verhindern sollte, (16) Vom Tierhirn, (17) Über heidnische Beobachtung im Herd oder den Anfang einer Sache, (18) Über das, was an gewissen Orten, die man als heilig verehrt, geschieht, (19) [ein der Überlieferung nach nicht klarer Aberglaube, der mit Maria zusammengebracht wird],[16] (20) Über die Feste, die man für Iupiter und Merkur veranstaltet, (21) Über das Abnehmen des Mondes, was man «Mond, siege!» nennt, (22) Von Unwettern, Hörnern und Glocken, (23) Von Ackerfurchen rings um die Gehöfte herum, (24) Vom heidnischen Lauf in zerissenen Lumpen und Schuhen, den man *yrias* (ein unerklärtes Wort) nennt, (25) Über die Verehrung Toter, (26) Über Bilder aus Teig («Gebildbrote»), (27) Über aus Fetzen hergestellte Puppen, (28) Über Bilder (Puppen), die man über die Felder trägt, (29) Über nach heidnischem Brauch aus Holz hergestellte Füße und Hände (Votivbilder von Gliedmaßen, wie sie später in den Kirchen selbst ausgestellt wurden!), (30) Der Glaube, daß gewisse Frauen, da sie über den Mond Gewalt haben, nach Art der Heiden Menschenherzen herauszunehmen vermögen (Homann, 137).

Ein klassisches Beispiel ist – gerade in der Landschaft Vintlers – die antike *Diana*, an die viele glaubten, obwohl sie «eine falsche Göttin ist», die mit *Herodias* kontaminiert auch als *Erodiana* fortlebte (7737–7740), der man vor allem an Kreuzwegen opferte, und die durch die Luft zu fahren pflegte. Sie ist der romanischen Volkskunde bestens vertraut und hat als die *Aradia* der «Vecchia Religione» über Charles Godfrey Leland (1824–1903), Aleister Crowley und Gerald Brousseau Gardner (1884–1964) noch maßgeblich eine moderne Hexentradition (*Wicca*) beeinflußt. Romanischer Herkunft ist auch der *orke* genannte Dämon. An bestimmten Bäumen hing noch der Glaube, daß sich in ihnen numinose Kräfte manifestierten, die letztlich auf die antike Verehrung von Muttergottheiten (*Matronae*) beruhten. Der Jungfrau von Orléans wurde in ihrem Prozeß 1430/31 mehrfach vorgeworfen, sie hätte bei einer bestimmten im Volk verehrten Buche den «Feeen» geopfert, sie mit Kränzen behängt und umtanzt (Duby – Duby, 32 f.). Wir lesen bei Vintler von der Verehrung der Gestirne und des Teufels, auch als *milleartifex* (7773 f., 8236).

Aus der germanischen «niederen Mythologie» stammen etwa die zunächst für das Spinnen zuständige *Frau Percht* (*Berchta* eigentlich und ursprünglich ‹die Glänzende›!) mit ihrer Eisennase (7762), eine zum Kinderschreck gewordene Verwandte der *Stempe*, die mit ihrem breiten Entenfuß Kinder zerstampft, die *Trute* (eigentlich ‹die Traute, Liebe›, wohl ein Euphemismus) als altes Weib, das den Leuten Blut aussaugt (7797) und gegen die man den *Drudenfuß*, wie das Pentagramm in der Volkssprache heißt, einsetzte. Ferner die *Elben* (7799–7802), die *Holden* – samt der *Frau Holle* – und die *Unholden* sowie der *Alp* (7800), der angeblich nächtens Menschen liebt oder aussaugt, jedenfalls *Alpdrücken* und *Alpträume* verursacht. Gegen den Alp fertigte Johann von Nürnberg (199) die magische Zeichnung eines Kalbes mit Ziegenkopf an. Das *schrattel* ist bei Vintler ein unerlöster, verzweifelter Geist in der Gestalt eines kleinen Kindes (7804–7806), anderwärts als *Schratt* ein stark behaartes Naturwesen in der Art des antiken Fauns.

Des weiteren erwähne ich kleine Dämonen oder Elementarwesen, die wir heute gerne *Kobolde* nennen, wenn sie irgendwie ortsfest sind, wie ihr Name schon besagt, der wohl aus *Koben* ‹Häuschen, Verschlag, Stall› und *Holde* entstanden ist. Der Kobold der Schiffe heißt nach dem Teeranstrich (*kalfatern*) der Bordwand *Klabautermann.* Der *Kobold* war also ursprünglich der Schutzgeist der Wohnung – darin weitschichtig den antiken Penaten und Laren verwandt –, der mitunter Hausarbeiten verrichtete, freilich auch boshaft sein und Streiche spielen konnte, wie der Metallname *Kobalt* bezeugt. Dieser verdankt sich dem Ärger der Bergleute, daß Kobalterz nicht so leicht wie andere Erze zu Metall zu reduzieren war, sondern unter Schwefelgestank den Verhüttungsprozeß störte. Weitere boshafte Geister, die *Nickel* (das Wort gehört zu *Nixe*, *Nöck* und erscheint noch in der alten Bedeutung in wienerisch *Bosnigl* ‹boshafter Mensch›), haben einem anderen Metall den Namen gegeben. Alle diese Wesen haben eine Vielzahl von Tabubenennungen, weil man sie nicht gerne mit ihren «eigentlichen» Namen nennen wollte, um sie nicht leichtfertig herbeizuzitieren. «Wenn man ihn nennt, kommt er g'rennt», bezieht sich eben nicht nur auf den Teufel. So hieß der Kobold auch *Wichtel* (‹etwas Kleines, das etwas wiegt›), *Götze* und *Gütchen* (entstellt zu *Hütchen*), beides Verkleinerungen von *Gott*, oder auch *Heinzelmann* (nach dem beliebten Vornamen *Heinz*), *taterman* (mit unklarer Etymologie), nach dem von ihm gemachten Geräusch auch *Poltergeist*, *Poppelmann*, *Mummelmann* oder ähnlich. Dem Kinderschreck diente vor allem der *Butzemann* oder *Butzmummel*, dessen Name in nicht ganz klarer Weise mit den Zweitelementen in *Apfelbutzen* und *Hagebutte* zusammenhängen dürfte. In sich ambivalent ist der *Sandmann*, der es durch E. T. A. Hoffmann und Sigmund Freud zu literarischem Weltruhm gebracht hat.

Merkwürdig ist die Gestalt der *hinderpredigerinne* (7785 f.), der man dient, um nachts nicht zu erblinden. Das Schicksal gestalten die *gachschepfen* (7863–7866), die etwa in der Sprachinsel Gottschee *Schöpferlein*, in Rumänien *Ursitori* hießen. Rätselhaft ist der *Bilwiß*, den auch der angelsächsische Aberglaube kennt, schon durch seine vielen abweichenden Namensformen (*pilwiz*, *bilwiht*, *bilmez* usw.) und seine unterschiedlichen Funktionen: Er schießt einen an (wie Elben und Hexen), ist ein freundlicher Hausgeist (so wohl bei Vintler 7795), wohnt in Bäumen, bewirkt den *Weichselzopf* (verfitzte Haare der Mädchen), geht als *Bilmesschneider* mit an die Zehen gebundenen Sicheln durch das Feld und stiehlt Getreide. In einer Beschwörung des 14. Jh. heißt es: «Unser Herr saß und stand unter der Kirchentür, da kam seine liebe, traute Mutter gegangen: ‹Lieber Sohn, mein Herr, wie sitzt du so traurig? Ach, liebe Mutter, soll ich nicht traurig sein? Ich kam zum *bulwechs berg* gegangen, da schoß mich der *bulwechs*, da schoß mich die *bulwechsin*, da schoß mich all ihr Gesinde …›» (DM III, 503).

b) Opfer

Es gab und gibt eine Fülle von Opfern: So ließ man die letzte Frucht auf dem Baum hängen oder stellte den Hausgeistern Reste von Speisen und Getränken hin. Danach heißt in Wien der letzte abgestandene Bierrest in einer Flasche *der Hansl* (eigentlich *Heinzel*). Ebenso blieb die letzte Garbe auf dem Feld stehen, die in Mecklenburg Wodans Pferd als Futter dienen sollte, wie 1593 beim Tanz um die letzte Garbe gesungen wurde: «Wode, hol deinem Roß nun Futter, jetzt Distel und Dorn, im nächsten Jahre bess'res Korn» (De Vries, I, 481).

Einer Wassergottheit gilt das Quellopfer, mit dem man eine Hoffnung verbindet. Bereits in germanischer Zeit opferte man über 300 Bronzeobjekte im Pyrmonter «Brodelbrunnen», dem *Hylligen Born.* Opfergaben aus Gewässern bilden in der Archäologie eine wesentliche Fundgruppe. Heute verbindet man das Münzopfer, etwa in der römischen Fontana di Trevi mit der Hoffnung, dereinst wieder an den schönen Ort zurückkehren zu können. Dabei gilt, daß die Münzen mit der linken Hand über die rechte Schulter geworfen werden müssen. Zwei Münzen bewirken, daß der oder die Werfende sich in eine Römerin bzw. einen Römer verlieben wird. Drei Münzen führen zur Heirat. Dabei werden durchschnittlich etwa 1600 € pro Tag «geopfert». Diese magische Praxis hat sich – auch unter der Wirkung des Schlagers «Three Coins in the Fountain» (1954) – ausgebreitet und heute findet sich der adaptierte Brauch bei vielen Brunnen. Oft lassen sich Opfergaben von Dankes- und Votivgaben oder Bittopfern nicht sauber trennen. So können die in den Quellen gefundenen Objekte sowohl den Dank für eine geschehene Heilung als auch die Bitte um eine solche bezeichnen. Dazu gehören auch die Votiv- und Wunschbäume mit an den Zweigen aufgehängten Opfergaben, Stoff- oder Papierstücken. Dem Irlandkenner sind mit solchen Gaben behängte Bäume und Sträucher meist in der Nähe heiliger Quellen ein vertrauter Anblick, jedoch auch in Cornwall sind die Bäume an der Quelle von St. Madron (nach einer göttlichen *Matrona*) bei Penzance reich mit Stoff- und Plastikfetzen behängt, und ähnlich tragen die Zweige des Wunschbaums am Pfullinger Berg in der Schwäbischen Alb Zettelchen mit Wünschen, die der Baum erfüllen möge. Ein Spaßvogel hat in seinen Stamm ein knollennasig-gütiges Gesicht eingeschnitzt. Eine ähnliche Funktion haben auch die «Nagelbäume» wie der «Stock im Eisen» im Wiener Stadtzentrum und bis vor kurzem noch der völlig von Votivnägeln bedeckte Nagelbaum hinter dem Lusthaus im Wiener Prater.

Nicht immer werden also die Adressaten der Opfer genannt. Im Falle des Bauopfers ist wohl in der Hoffnung, daß

Hund als Bauopfer

sie den Bau duldet, die Erde die Empfängerin. Es gibt sehr viele Traditionen, daß lebendige Tiere in die Grundfesten eines Baus eingemauert wurden und gelegentlich hat man solche Bauopfer in den Fundamenten gefunden. So in Schloß Burgk in Thüringen, wo der wohl im 15. Jh. eingemauerte Jagdhund heute mumifiziert zu sehen ist.

Nicht selten ist auch von Menschen die Rede. So sollen auf den Burgen Liebenstein und Reichenfels in Thüringen Kinder lebend eingemauert worden sein, ähnliche Traditionen sind aus Dänemark, aber auch von den Slawen geläufig (Stübe; Beilke-Voigt). Am bekanntesten ist die Sage vom Bau des britannischen Königs Vortigern, der immer wieder einstürzte, worauf die Druiden ein Kind als Bauopfer verlangten. Das gesuchte Kind war niemand anderer als Merlin, der jedoch nicht geopfert wurde, weil er dem König den wahren Grund der Katastrophe wies. Sogar «bei dem neuen Brükkenbau zu Halle, der im Jahre 1843 vollführt wurde, wähnte noch das Volk, daß man eines Kindes zum Einmauern in den Grund bedürfe» (DM II, 956). Heute ist es üblich, bei der Grundsteinlegung eines Gebäudes ein Dokument, Münzen und irgendwelche Zeitzeugnisse mit drei Hammerschlägen im Grundstein zu verschließen.

c) Mantik

Neben Pyromantie (7750 f.), Chiromantie (7752 f.), Spatulamantie (7845 f.) und Losbüchern (7757) spielt die Geomantie (7811 f.) oder «Punktierkunst» eine größere Rolle – «etliche punktieren den *linium* [‹?›] in der Kunst *Geometria*» (7917 f.). Sehr archaisch mutet die Eingeweideschau (7819 f.) an. Von vornherein waren manche Tage – bei uns «Freitag, der 13.» – ungünstig. So galten bei den Römern die auf die drei Stichtage des Monats (Kalenden, Nonen und Iden) folgenden Tage als unglücklich, der altkeltische Kalender von Coligny (2. Jh. n. Chr. ?) bezeichnet gar bestimmte Monate als **anmatu* ‹un-gut› und meint, die Losstäbchen sollten dann überhaupt liegenbleiben (*prinni laget*). Das Mittelalter kannte «verworfene» (7767 f.) oder «Ägyptische Tage», weil man meinte, daß die in Exodus (7, 14–10, 22) geschilderten Plagen an diesen Tagen über Ägypten hereingebrochen seien. «Verworfen» war ein Tag dann, wenn der Tagesregent (der Planet der ersten Tagesstunde) mit dem Tagesplaneten identisch war, also wenn etwa Mars zwischen 0 und 1 Uhr am Dienstag (Tag

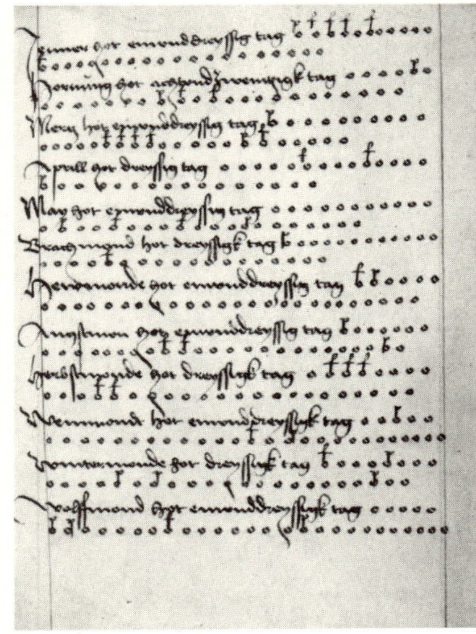

Die «verworfenen» Tage eines Jahres

des Mars; *Martis dies* > frz. *mardi*) herrschte. Da die sieben Planeten auf 24 Stunden zu verteilen waren, wechselten die Tagesregenten ständig, was die Astrologen aus Tabellen ablesen konnten.

Eine wichtige Quelle der Mantik war der Traum (Vintler 7746), dem man bekanntlich auch heute noch durch Traumbücher beizukommen versucht. Ausgehend vom Traumbuch (*Oneirokritiká*) des gewerblichen Traumdeuters Artemidor von Daldis (2. Hälfte d. 2. Jh.s n. Chr.), das uns heute abergläubisch anmutet, aber in seiner Zeit als seriöses Werk mit wissenschaftlich-philosophischem Anspruch galt, entstand eine reiche Traumdeutungsliteratur, die meist symbolisch vorgeht. So sagt Artemidor (III, 7): «Läuse in geringer Zahl zu haben, sie am Körper oder in den Kleidern zu finden und sie zu töten, bringt Glück. Man wird nach diesem Traumgesicht von jedem Kummer und jeder übermächtigen Sorge frei werden. Sind es aber viele und überviele, so ist das ein böses Vorzeichen und prophezeit langwierige Krankheit, Kerkerqualen oder große Not … Wird man sie alle los …, ist Befreiung von den genannten Übeln zu erhoffen. Wenn einer, der träumt, Läuse zu haben, aus dem Schlaf aufwacht, dürfte er verloren sein.» Das traditionelle «Wiener Schusterbuben-Traumbuch mit Lottozahlen» (Wien 1982) stimmt damit teilweise noch überein.

Zwar sagt im «Rosenkavalier» die Marschallin «Ich schaff mir meine Träume nicht an», aber zur Zeit Vintlers versuchte man, den Traum zu steuern, etwa indem man sich, wie er beklagt, nachts ein Wiedehopfherz auflegte, was Wahrträume bewirken sollte (7841–7843). Gegen schlechte Träume und Angstvorstellungen gebrauchte man bei den Angelsachsen die *betonica* (DM II, 1011; III, 355), desgleichen Hildegard (Naturkunde, 43 f.), auch Johann von Nürnberg und Vintler erwähnen das «Graben» der *batonien* oder *patoniken* (7758). Die schon bei Plinius (nat. hist. 25, 8) gerühmte Betonie ist übrigens einer jener vielen Fälle, wo eine eindeutige botanische Zuordnung des alten Pflanzennamens nicht mehr sicher möglich ist, obwohl heute mit «Hildegard-Betonien-Kräuterkissen» ein schwungvoller Handel betrieben wird.

Besondere Bedeutung maß man den Vogelstimmen (7745, 7885) und dem «Angang» bei, der ersten bedeutsamen Begegnung am frühen Morgen oder vor einem Geschäft. Hatte man da einen Martinsvogel oder die Geliebte eines Pfaffen gesehen, so konnte nichts schiefgehen (7871–7879), ebenso, wenn einem ein Wolf begegnet war (RPh 128), während ein Hase Unglück brachte (7770–7772; auch RPh 10). Beim Schuhanziehen war darauf zu achten, daß man nicht den linken vor dem rechten anzog (7847–7850). In der Rauhnacht warf man die Schuhe nach hinten über den Kopf und glaubte, daß man dort bleiben würde, wo die Schuhspitzen hinzeigten (7938–7942; ähnlich RPh 101). Zu bestimmten Zeiten konnte ein Mädchen, das nackt war, im Traum den Zukünftigen sehen (RPh 100). Wenn es am Weihnachtsabend ein Holzscheit aus einem Stoß zieht, kann es am Scheit erkennen, ob er krumm oder gerade gewachsen sein wird (RPh 109).

Man kann die Mantik in gewissem Sinne umkehren und sich nutzbar machen. Wußte man, daß ein Ereignis an einem bestimmten Tag etwas vorbedeute, so konnte man gerade in dieser Zeit entsprechend handeln und dadurch die Zukunft gleichsam zwingen.

d) Jagdzauber

Für Menschen, die in reich bewaldeten Gebieten lebten, war auch der Jagdzauber samt dem Bann von Raubtieren von großer Bedeutung. Bereits die realistischen Tierdarstellungen in den Höhlenmalereien der Altsteinzeit können als Jagdzauber im Sinne des Denkmusters *similia similibus* verstanden werden. Der grundsätzlich unsichere Ausgang legte allerlei magische Strategien nahe. Für das Mittelalter erfahren wir durch Hartlieb (69), daß man nur an bestimmten Tagen auf die Jagd ging, was auch der Autor tadelt, und durch Vintler, daß man die Hunde ja nicht an der rechten Seite jagen ließ (7947 f.). Was den Wolfsbann anging, so gab es in Südtirol Hirten, die ihr Vieh so segnen konnten, daß es die Wölfe verschonten (7893–7895). Hartlieb weiß, daß manche ihre Tiere feien, indem sie ihnen Weihwasser zu trinken geben (59). Natürlich gehören auch die «Freikugeln», wie sie im «Freischütz» gegossen werden, in den Bereich des Jagdzaubers. Die Herstellung von Pfeilen, die ihr Ziel nicht verfehlen, war übrigens auch ein Projekt der *magia naturalis* (Hahnloser, 134, Taf. 44).

e) Fruchtbarkeitszauber

Wichtig als Spender der Fruchtbarkeit waren bei den Germanen neben *Donar/Þórr* die Wanengötter wie *Freyr.* Adam von Bremen († um 1081) berichtet, daß dieser als Gott *Fricco* im Zentralheiligtum von Uppsala mit einem riesigen Penis dargestellt war. Immer wieder erfahren wir besonders von Pferde- und Eberopfern für diese Fruchtbarkeitsgottheit. Es gab auch eine Anzahl von Göttinnen, die für die Fruchtbarkeit (aber nicht nur diese) zuständig waren: die «Mütter» oder «Matronen», die besonders im Rheingebiet in der keltisch-germanischen Kontaktzone und oft in der Dreizahl verehrt wurden.

Dem Fruchtbarkeitszauber dienten und dienen noch eine Fülle von Bräuchen, die da und dort relikthaft weiterleben. Dazu gehören «Maibraut» und «Maibräutigam» und natürlich der «Maibaum», während das «Mailehen» mit der Versteigerung von Mädchen, die dann ein Jahr lang streng monogam mit dem Maibräutigam zusammenleben müssen und der archaische Brauch, den Boden dadurch fruchtbar zu machen, daß ein Coitus auf der Ackererde vollzogen wird (De Vries, I, 463–467), wohl abgekommen sind. Auch im neuzeitlichen Tiroler «Schemenlaufen» spielt die Fruchtbarkeit eine große Rolle. Die Masken schlagen den zusehenden jüngeren Frauen, mit einer Art stilisiertem Penis gegen die Knie, die ein wichtiges Sexualsymbol sind.

Die individuelle Fruchtbarkeit förderten Frauen durch die Applikation heiliger Quellen, wie Bore Well bei Bingfield (Northumberland), Child's Well in Oxford oder St. Agnes Well in Whitestaunton (Somerset), die bei Königin Henrietta, der Gemahlin von Charles I., Schwangerschaft bewirkt haben soll. Aus dieser fruchtbarkeitsmagischen Vorstellung scheint auch die Tradition von «Kinderquellen» zu stammen, aus denen dann der Storch die Kinder bringt. Solche Quellen sind besonders in Niedersachsen gut bezeugt: so der *Reinhardsbrunnen* bei Göttingen, der *Hasselbrunnen* bei Nordheim oder der *Weeneborn* bei Ballenhausen. An ihnen opferten die Mütter noch im 19. Jh. Kuchen oder Zwieback. Aber ganz ähnliche Vorstellungen kennt man auch in Schwaben, Bayern und anderwärts. Auch bestimmte Steine, die ja den Kontakt mit der fruchtbaren Mutter Erde herstellen, können fertilitätsmagische Bedeutung haben: so etwa der «Hemmastein» im Dom zu Gurk (ab dem 11. Jh.) oder eine Reihe von Menhiren in der Bretagne und Irland, die Frauen durch Kontaktmagie zur Förderung der Fruchtbarkeit nutzten. Die moderne Esoterik schwärmt für die «Fruchtbarkeitssteine» – erratische Blöcke als sogenannte Kraftzentren – im niederösterreichischen Waldviertel und gibt sie als «keltisch» und «mystisch» aus.

In der heutigen Alltagsmagie verwenden die Frauen den Mondstein, der die Empfängnis erleichtern, die Schwangerschaft und Geburt unterstützen und Regelbeschwerden lindern soll. Der Stein sollte längere Zeit getragen, jedoch nach der Menstruation mit «Hämatit-Trommelsteinchen» «entladen» werden. Um ihn wieder «aufzuladen», lege man ihn in das Licht des Vollmonds.

Erstaunlicherweise findet sich bei Vintler und Hartlieb zur Fruchtbarkeitsmagie wenig. Immerhin kennt letzterer die Vorstellung, daß der Mond das Wachstum der Pflanzen beeinflusse und man sich daher bei der Ernte danach richten könne, und verteidigt sie: sie sei keine Sünde, sondern man nutze nur die Kräfte der Natur (66). Dagegen ist es verwerflich, nach der Art alter Frauen das Gemüse mit Weihwasser zu besprengen, damit es von Raupen verschont bleibe (60). Im weitesten Sinne läßt sich die bei Vintler (7980–7982) erwähnte und auch von Faust geübte Kunst, aus trockenem Holz Wein fließen zu lassen, als Fruchtbarkeitsmagie ansehen.

f) Sich verwandeln und unsichtbar machen

ist seit eh und je Ziel magischer Handlungen. Wir haben sie im Rahmen der *magia diabolica* schon kennengelernt (s. oben S. 85). Nach Vintler verstehen sich etliche darauf, Katzengestalt anzunehmen (7949–7951), während andere die Leute «so führen, daß sie unsichtbar werden» (7793 f.). Gut belegt ist die Vorstellung, daß man dazu «Farnsamen» (s. oben S. 69 f.) verwenden müsse. Sie findet sich auch in Shakespeares Heinrich IV. (II, 1). Dieser «Same» ist aber schwer zu bekommen, weil der Farn nur in der Mittsommernacht eine Stunde lang nach Mitternacht «blühe». In anderem Kontext gilt der Farnsame auch als «Irrwurz» (durch die man sich leicht verirrt) und steht in Verbindung mit dem Teufel (DM II, 1012; III, 355 f.).

g) Liebes- und Potenzzauber

spielt überall eine große Rolle. Vintler erwähnt, daß man sich dazu an den Planeten Venus wandte (7784), daß besonders alte Weiber sich auf solchen Zauber verstünden (7754–7756) und man mittels der zu Sonnwend gegrabenen *verbena* ‹Eisenkraut› (?) gegenseitige Liebe erwecken wollte (7822–7824). Johann von Nürnberg schildert, wie er eine Magd lehrt, ihren untreuen Geliebten wieder zurückzugewinnen: Sie muß dazu aus Wachs einen *kobolt* (auch «Atzmann» genannt) herstellen (vgl. Vintler 7744), diesen in den kalten Brunnen tauchen und dann an die Sonne legen. Danach muß sie gegen den Sonnenlauf (*widersins*) um die Küche herumgehen (Johann von Nürnberg, 198). Das Wachsfigürchen stellt offenbar den Geliebten dar, der die nach mittelalterlicher Theorie für die Liebeskrankheit charakteristischen Symptome von Kälte und Hitze mitmachen muß. Auch Hartlieb (79A) weiß, daß die Frauen solche Atzmannen am Feuer erwärmen, um damit die Männer zu quälen. Durch das rückläufige Herumgehen macht die Magd offenbar die Entfremdung, bzw. die neue Liebe zur Nebenbuhlerin, rückgängig. Hängt man einen Atzmann im Wind auf, dann glauben manche, daß der damit Bezeichnete keine Ruhe finde (79). Mancher weiß mit drei geheimen Worten die Liebesglut der Frauen zu entfachen (Vintler 7891 f.). Johann versteht sich darauf, die Runzeln der alten Weiber zu glätten und verlorene Jungfernschaft wiederherzustellen: «der mach ich eine Salbe, von der sie allerorts so heil wird wie meine lieben Schuhe – die wohl zehn Löcher haben» (Johann von Nürnberg, 199). Man glaubte nach Vintler, daß für den Mann eine besondere Gefahr darin bestünde, daß ihm jemand sein «Geschirr» aus der Hose stehlen könnte (7991 f.). Tatsächlich war ja später der Penisdiebstahl einer der Vorwürfe gegen die Hexen (s. unten S. 162 f.).

h) Wetterzauber

war stets gefürchtet und Vintler hatte oft erlebt, daß sich jemand rühmte, «Unwetter machen» zu können (7781 f.). Übrigens pflegte man Ungewitter damit zu erklären, daß Mönche, die ja das beständige Verweilen an einem Ort (*stabilitas loci*) gelobt hatten, unterwegs seien (7880–7883). Hartlieb (34) widmete dem Wettermachen ein eigenes Kapitel: Die Kunst setze voraus, daß man sich dem Teufel hingebe, Gott, der Taufe und allen christlichen Glückseligkeiten abschwöre. Es gelang ihm, mit der Lehrmeisterin der 1446 verbrannten Wettermacherinnen ein Gespräch zu führen, in dem er ihr die Freilassung versprach, wenn sie ihm den Wetterzauber ohne Gefahr für seine Seele beibringen könne. Als dies nicht möglich war, da die Praktik eine völlige Absage an Gott bedeutet hätte, wie die Alte ausführte, wurde sie verbrannt.

Gegen Unwetter schützen manche Pflanzen, so nach verbreitetem Glauben Unterarten von *Sorbus* gegen Stürme

(7815 f.), etwa die Eberesche (*Sorbus aucuparia*) gegen Sturm und Wellen auch im alten Skandinavien, wo die Snorraedda berichtet, daß Þórr (der Donnergott) sich einst durch den Zweig einer Eberesche (*reynir*) vor den Fluten des Vimurstroms gerettet habe (Skáldskaparmál 18), weshalb auch die Seeleute gerne einen Gegenstand aus Ebereschenholz (*rönn*) mit sich führten. Heute noch kann man da und dort die Hauswurz, die davon ihren Namen (*Sempervivum tectorum*) hat, auf Dächern, die der Blitz dann verschonen wird, angepflanzt sehen. Das hat bereits Karl d. Gr. befohlen.

i) Heil- und Krankheitszauber

bzw. Schadenzauber an Mensch und Tier ist immer und überall ein besonderes Betätigungsfeld der Magie. Um eine Pfeilspitze zu entfernen, bediente man sich eines Pfeilsegens (7731), gegen Würmer nützte eine Inschrift, die man während der Christmette auf Blei angebracht hatte (7814 f.), am Palmsonntag verschluckte man gegen Halsleiden drei Palmkätzchen (7787 f.).

Den gesunden Schlaf des Erwachsenen bewirkte man durch den moosartigen Auswuchs, der sich öfters an der Heckenrose findet. Man legte den *Schlafapfel*, *Schlafkunz* oder *Schlafputzen* (die *Diplolepsis rosae* der Rosengallwespe) unter das Kopfpolster. Der Schlafende erwachte erst, wenn man den *Kunz* entfernte. Der «Schlafdorn» (*svefnþorn*), der Brünhilde in der Edda in Schlaf versetzt und die Dornenhecke im «Dornröschen» mögen mit dieser magischen Pflanze zusammenhängen (DM II, 1007 f.; III, 353). Eine bestimmte Wurzel im Mund wirkte ganz ähnlich (Parzival 580, 20). Graf Hans Ernst von Wied-Runkel (1623–1664) erhielt bei seiner Initiation in die «Fruchtbringende Gesellschaft» den Gesellschaftsnamen «Der Rauhe» und als Emblem den Schlafkunz. Anläßlich des Festakts dichtete er:

Ein sogenannter Schlafkunz

> *Schlaffkuntzen wachßen her auß wilden rosen-*
> *stöcken,*
> *Mann findet sie im feld' auch in der grünen*
> *hecken,*
> *Den Schlaff befördern sie, den kropff, wie auch*
> *die ruhr*
> *Sie heilen …*

Der Schlafkunz hatte also noch weitere segensreiche Kräfte, und Wied-Runkel verstand sein schlafbeförderndes Emblem als Mahnung, sich nicht auf die faule Haut zu legen.

Natürlich kann man gegen Krankheiten Weihwasser und Segen einsetzen, wirkungsvoller war wohl, etwas auf eine Hostie zu schreiben, um so das Fieber zu bekämpfen (7776 f.).

Eine von Hildegard von Bingen anerkannte, später als abergläubisch abgelehnte magische Praxis war das «Vermessen». Dazu legte man sich mit seitlich weggestreckten Armen in Kreuzform auf den Boden. Nun wurde von Fingerspitzen zu Fingerspitzen und vom Scheitel zur Sohle die Länge ausgemessen. War die der Arme länger als die des Körpers, so war an der Gesundung kein Zweifel, waren die beiden Werte annähernd gleich hoch, so durfte mit Genesung gerechnet werden, war die der Arme kürzer, so war die Prognose schlecht. Um den teuren Theriak (s. oben S. 70) zu ersetzen, verwendeten manche Gerstenbrei (7985 f.), um daraus die Pillen herzustellen. Frauen schoren sich die Schamhaare ab und ließen darüber eine Messe lesen in der Meinung, daß dies gut gegen Krämpfe sei (8191–8193). Ein oft angewandtes Verfahren bestand darin, daß man den Namen der Krankheit auf einen Zettel schrieb und diesen «vernagelte» (mit Nägeln befestigte oder irgendwo, etwa in einem Holzspalt, einschloß und dort «verpflöckte»). Im Sinne des Schadenzaubers konnte man jemanden durch Vernageln oder «Verstricken» am Harnlassen hindern.

Es gab viele Arten des Schadenzaubers: Manche können ihre Geschosse durch die Wand schießen (7741–7743); weit verbreitet war der Glaube, daß uns der «Hexenschuß» (aengl. *ylfa gesceot*, engl. *elf-bolt* ‹Elfenbolzen›) von den Elben beigebracht werde (der Minnesänger Heinrich von Morungen verglich diese Geschosse mit den Liebespfeilen seiner Angebeteten). Die Hexen als Übeltäterinnen sind sekundär. Besonders niederträchtig handeln jene, die den Menschen die Knochen brechen, diese entfernen und durch Borsten oder Holzkohlenstücke ersetzen (7906–7908) oder den Atzmannen Nadeln in den Magen stechen (7945 f.).

Durch «Sich-Versehen» konnte nach weitverbreitetem Glauben eine Schwangere dem ungeborenen Kind schaden. Fiel ihr Blick zufällig auf einen Hasenkopf, so konnte das beim Fötus eine Hasenscharte bewirken. Tote Hasen wurden also mit verbundenem Maul auf den Markt gebracht. Auch Kleinkinder waren gefährdet. Waren Kinder schwächlich, legte man sie auf die Schwelle des Türstocks (7896–7898) und manche Ammen schoben Neugeborene durch ein Loch, um ein Unheil abzustreifen (7853–7856). Der *Men-an-tol* ‹Stein des Loches› genannte, höchst auffällige Megalith in der Nähe von Penzance (Cornwall) dient auch Erwachsenen, die durch das Loch kriechen, zum Abstreifen von Krankheiten. Wenn ein Kind nicht schlafen will, so trägt es die Mutter an das Tageslicht und macht vor ihm ein Feuer aus Eichenholz. Dann nimmt sie ein Scheit und schlägt damit mehrmals auf das Feuer, worauf eine andere Frau zu fragen hat: «Was verbrennst du?» Sie antwortet: «Da verbrenne ich jetzt meines Kindes großes Leid (?) und Nachtgeschrei und alle bösen Zungen» (7963–7973). So klagten Mädchen, daß man sie «heute beschrieen» (‹verhext›?) hätte und wünschten, daß die verbrecherische Zunge, die das bewirkte, «sich verkrümmen» möge (8194–8197).

Höchst interessant ist die weitverbreitete Vorstellung, daß Kinder, die nicht zunehmen und merkwürdig alt aussehen, von Dämonen (Elben, Elfen) ausgetauschte *Wechselbälge* oder *Kielkröpfe* seien. Um das eigene Kind zurückzuerlangen, kocht man in einer Eierschale Wasser und rührt mit einer großen Stange um. Darauf sagt der Wechselbalg, der sonst nie redete, etwa: «Nun bin ich so alt wie der Westerwald und habe doch nicht in Eierschalen kochen seh'n», worauf die dämonischen Entführer flugs das geraubte Kind zurückbringen. Diese Tradition vom Selbstgeständnis des Alters ist deshalb so bemerkenswert, weil sie nicht nur auf das deutsche Sprachgebiet und Dänemark beschränkt ist, sondern in ganz ähnlicher Form auch in Irland, Schottland und der Bretagne, aber auch bei Slawen und Balten erscheint (DM I, 388; III, 135 f.). Die Rocken-Philosophie führt die

Schwächlichkeit des Kindes auf das *Elterlein* zurück. Um dieses zu vertreiben, schiebe man das Kind mehrmals in den Backofen (DM III, 437), so wie man ja auch Brot durch «Aufbacken» wieder frisch machen kann. Hier ist allerdings anzumerken, daß kein Geringerer als Wilhelm von Auvergne den Austausch von Kindern durch Dämonen für möglich hielt (*De universo* 2, 3, 25) und der «Hexenhammer» (386 f.) lehrte, daß es sich dabei um von Dämonen mit Hilfe gestohlenen Spermas gezeugte Wesen handelt.

j) Schad- und Abwehrzauber

Gefürchtet war der Diebstahl von bäuerlichen Produkten, etwa der Milch aus dem Kuheuter (7851 f.) oder der Butter aus dem Butterfaß (7791 f.), was umso leichter ist, wenn man nachts durch verschlossene Türen gehen kann (7825 f.). Der *Schmetterling* (älter mhd. *vîvalter* , nhd. *Falter*), dessen Gestalt Hexen gerne annehmen, hat davon sogar seinen Namen, der zu *Schmetten* ‹Rahm› (ein Lehnwort aus dem Slawischen; vgl. tschechisch *smetana*) gehört. So können auch Zauberinnen, die man *unholde* nennt, anderen den Wein aus dem Keller wegtrinken (7952–7955). Zum Diebstahl benutzte man die Hand eines Gehenkten (7911 f.). Bringt jemand einer Frau Hühner, die ihr nicht gehören, und will sie diese behalten, so braucht sie nur zu sagen: «Bleib hier daheim wie die Fut bei meinem Bein!» (7835–7837) und schon ist sie in ihrem Besitz. Die Geradlinigkeit dieser volkstümlichen Magie ist beachtlich. Man bedenke nur, wie viele Dämonen der «wissenschaftliche» Magier nach der «Goëtia» oder der *Clavicula Salomonis* hätte beschwören müssen, um denselben Schadenzauber des Hühnerdiebstahls zu bewerkstelligen! Allerdings scheint in Vintlers Umkreis doch auch eine wahrscheinlich vereinfachte Form der theurgischen Magie bekannt gewesen zu sein, denn er erwähnt, daß mancher *cha-*

racteres macht auf pirmint virgineum, also auf dem schon erwähnten Jungfernpergament (7915 f.).

Durch vielerlei Segen konnte man dem Schadenzauber entgegenwirken. Doch bleiben diese, soweit sie kirchlich waren, in der Aberglaubenaufzählung natürlich unerwähnt. Zauberinnen verstanden sich jedoch darauf, die «Segen» verbalmagisch zu manipulieren («hin und her zu wenden»; 7909 f.). Aber auch mit Pflanzen konnte man Schadenzauber abwenden: Berühmt war dafür die Pflanze mit dem sprechenden Namen *Widerton* (‹Gegen-das-Antun›), die möglicherweise das Haarmützenmoos (*Polytrichum formosum*)[17] – als Mittel gegen Schadenzauber im Internet angeboten – meint. Eine andere Pflanze, das *Berufkraut* (*Erigeron acris*), ein asternähnliches Gewächs, setzte man gegen das «Berufen» kleiner Kinder durch Hexen und Zauberer ein (HDA I [1927], 1103 f.), in Südosteuropa bediente man sich etwa des unscheinbaren Hexenkrautes (*Circea lutetiana*), benannt nach der homerischen Zauberin *Kirkē*.

k) Glückszauber

ist keineswegs selten und seit altersher belegt. Allgemein besteht der Glaube, daß das Glück der Menschen von Geburt an nicht gleich sei. Ein Gedanke, der sich in der römischen Vorstellung der *fortuna* ausdrückt und der wohl ursprünglich der Vorstellung des «Adels» zugrundeliegt.

Freilich kann man dem «natürlichen», «angeborenen» Glück nachhelfen. Hier sind zunächst *Talisman* und *Amulett*, die heute meist bedeutungsgleich verwendet werden, zu erwähnen. Das Wort *Talisman* verrät seine Herkunft aus der orientalischen Magie: Es stammt letztlich aus griech. *télesma* ‹geweihter Gegenstand› und gelangte über persische Vermittlung (*Tilismāt* ‹Zauberbilder›) in die romanischen Sprachen (frz. *talisman*, it. *talismano*), aus denen es im 17. Jh. entlehnt wurde. *Amulett* ist dagegen seit dem 16. Jh. belegt und stammt direkt von lat. *amulētum* mit gleicher Bedeutung. Es scheint ursprünglich eine Breispeise aus *amulum*, *amylum* ‹Stärke; Kraftmehl› bezeichnet zu haben und spielte bereits in der antiken Magie eine Rolle. Später war die Anfertigung von Talismanen eines der Hauptziele der «wissenschaftlichen» Magie im Abend- und Morgenland. Das große Vorbild der Magier, Aristoteles, soll laut *Picatrix* nicht nur ein Buch über Talismane geschrieben, sondern für Alexander d. Gr. selbst vier Amulette hergestellt haben (III, 10; IV, 4). Der größte Teil der praktischen Lehren dieses Buches handelt von solchem Zauber, ja sein Kompilator stellt sogar eine eigene «Talismantheorie» auf, nach der im Grunde jede Tätigkeit wie Kochen, Spinnen, Tierzucht usw. eine Art Talismanherstellung sei (II, 6), da sie als Handlung nicht sich selbst genüge, sondern darüber hinausweise. Die Wirkung der Talismane geht grundsätzlich auf ihr Orenda zurück, beruht aber auch manchmal auf dem Prinzip *similia similibus* (II, 7).

Wichtige Amulette der Völkerwanderungszeit und des frühen Mittelalters waren u. a. die in Norddeutschland und Skandinavien häufigen Brakteaten, meist aus Goldblech einseitig nach dem Vorbild antiker Münzen geprägte Scheiben, auf denen das antike Münzbild durch germanische magische Sinnzeichen (Runen) und Sinn-Bilder ersetzt ist. Die von Karl Hauck erstmals 1970 breit ausgeführte und später ausgebaute Hypothese, daß auf den Brakteaten Szenen der germanischen Religion abgebildet seien, insbesondere die Pferdeheilung des Zweiten Merseburger Zauberspruchs (s. oben S. 24), wurde trotz einer z. T. irrationalen «Wodanallergie» von der Forschung erstaunlich widerspruchslos akzeptiert. Runenwörter wie ***alu*** ‹magische Aufladung; Bier (?)› und ***laukaR*** ‹Lauch› bezeugen den glücksbringenden und dämonenabwehrenden (apotropäischen) Charakter dieser Goldbleche.

Natürlich fehlt es auch dem Hochmittelalter an vergleichbaren Amuletten nicht. Zur Blütezeit der Magie im Spätmittelalter und der Frühen Neuzeit traten dann die oben im *Picatrix*, bei Agrippa und vielen anderen erwähnten magischen Sinnzeichen und Sigillen (etwa von Planetengöttern oder *ABRAXAS*) in Amulettfunktion hervor. Auch die pseudosalomonischen Siegel, Ringe, Pentagramme, Buchstaben und Zahlenquadrate konnten neben der Funktion des Zwanges auch die des Schutzes erfüllen. Abgesehen davon konnten Schmuckstücke, insbesondere mit Edelsteinen versehene, immer auch Amulettcharakter haben. Dazu gehört wohl der bei Vintler genannte «Siegstein» (7807–7809), ein Hufnagel (7943 f.), das heute noch mit dem Silvesterbrauchtum verbundene Hufeisen (RPh 129) und auch andere Glücksbringer wie die mehrfach verwendbare Alraune (7760; s. oben 65–69). Man brachte einen gefangenen Laubfrosch in einen Ameisenhaufen und meinte, daß die Knöchlein dann Glück brächten (8217–8224). Wurde das Garn sündigerweise am Sonntag gesponnen, so konnte man daraus ein St.-Jörgen-Hemd herstellen, das unverwundbar machte (7900–7902).

Sehr alte Vorstellungen hängen an der «Glückshaube», wie man die Eihaut nannte, die bei der Geburt mitunter dem Kopf des Kindes anliegt. Aus der Farbe der Glückshaube wurde prophezeit, jedenfalls hütete man sie wohl – ebenso Reste der Nabelschnur. Bei Archivarbeit in Adelshäusern werden gelegentlich solche getrockneten und bei den Urkunden aufbewahrten Geburtsrückstände gefunden.[18] Charles Dickens bezeugt in «David Copperfield» (1849/50) den Glauben, daß der Besitzer einer Glückshaube (*caul*) nicht ertrinken könne, weshalb sie gerade unter Seeleuten begehrt war. Jene, mit der David geboren war, wurde um 15 Guineen in der Zeitung ausgeboten, ohne einen Käufer zu finden. Geht die Glückshaube verloren, so verliert das Kind seinen Schutzgeist, der im alten Skandinavien *fylgja* ‹Folgerin› oder *hamingja* ‹Schutzgeist› (zu *hamr* ‹Hülle; Nachgeburt›) hieß. Allerdings haben sich diese Wesen schon von der Glückshaube gelöst und etwa die Funktion des *genius* bei den Römern angenommen. Sie erscheinen nicht selten in den Sagas in Tiergestalt, manchmal auch ihrem eigenen «Besitzer» (DM II, 728 f.; III, 265; ARG I, 222–228). Die Glückshaube wurde auch unter der Schwelle des Hauses vergraben, was an die Beisetzung der Nachgeburt in Tongefäßen (*taesil*) in der Nähe des Hauses etwa bei den Koreanern erinnert (Kuntner).

Ein eigenes Kapitel bildet die auch in der pseudosalomonischen Literatur so gerne thematisierte Schatzsuche. Bei Vintler ist sie ohne Mitwirkung des Teufels nicht möglich (7735 f.).

l) Gespensterzauber, Umgang mit Dämonen und Toten

Auch die volkstümliche Magie kam ohne Beschwörung von Dämonen nicht aus, wiewohl diese auch keineswegs so komplex wie in der «wissenschaftlichen Magie» verläuft. Vintler spricht einfach vom Teufel und daß manche diesen zwingen (*pannen*) wollen, ihnen Reichtümer zusammenzutragen oder unterirdische Schätze zu zeigen (7732–7736). Manche beten den Teufel, die Sterne, Sonne und Mond an (7773–7775), ja, es gibt sogar Zauberinnen, die dem Teufel öfter ein Hochamt lesen lassen (8201–8203). Besonders interessant ist allerdings der Umgang mit den Toten. Vintler erwähnt, daß manche Frauen nach rückwärts («ärschlings») um die Kirche gehen und die Toten aufstehen heißen. Dazu berühren sie den Ring der Kirchentür und rufen: «Steht auf, ihr alten Brüder!» (7925–7931). Andere flüstern einer Leiche zu: «Komm morgen früh, und sag mir, wie es dir drüben geht!» (7956–7960). Bei Hartlieb erfahren wir (37B), daß Tote innerhalb von 30 Tagen nach ihrem Ableben aus der gleichen Neugierde heraus herbeizitiert wurden. Dabei wird die weitverbreitete alte Auffassung sichtbar, daß die Seele erst nach 30 oder 40 Tagen an ihren späteren Aufenthaltsort gelangt und sich davor als Seelentier, Windhauch oder Spukgestalt im Umkreis ihres Grabes oder ihrer Wohnung aufhält, wo sie durch hingestellte Speisen auch gefüttert wird. Liegt ein Mensch im Sterben, so kann man seinen Geist beschwören, nach dem Tode wiederzukehren, um zum «dienstbaren Geist» (*Spiritus famulans*) des Lebenden zu werden (37A). Dieser ist mit dem schon genannten *Spiritus familiaris* nicht identisch, aber doch in seiner Funktion nahe verwandt.

m) Nachtfahrten

werden gegen Ende des Mittelalters und in der Frühen Neuzeit immer häufiger. Sie sind dann ein Hauptanklagepunkt im Hexenwesen. Bei Vintler beobachten wir die Ansätze zu diesem Standardvergehen. Er erwähnt, daß manche den Kübel salben, um auf ihm «oben auszufahren» (7899 f.) oder auf Kälbern und Böcken reiten (7993–7995). Sie legen angeblich in kurzer Zeit 100 Meilen zurück (7903–7905). Vintler schildert solche Nachtfahrten aus der Sicht des Außenstehenden, zunächst in einer Legende vom hl. Germanus von Auxerre (ca. 380 – 448). Dieser kommt in eine Stadt und eine Unterkunft, in der ihm der Wirt eröffnet, daß er heute mit den angesehensten Bürgern bei Einbruch der Dämmerung eine Nachtfahrt antreten würde, von der sie um Mitternacht zurückkämen. Sie würden auf Haustieren und Möbeln reiten und die Vorräte eines reichen Mannes verzehren, diesen selbst aber zu Tod bringen. Zur Freude seines Gastgebers erklärt sich der Heilige bereit, mitzufahren. Nachdem er lange gebetet hat, findet er die fahrtbereite Versammlung und bannt sie, so daß sie sich nicht entfernen kann. Dann läßt er aus den

Häusern der Stadt die anscheinend ohnedies anwesenden Bürger holen und zeigt damit dem Wirt, daß die fahrtbereiten Genossen nichts als teuflische Phantome seien, die sich denn auch bald unter Gestank verflüchtigen (7996–8170). Die Auslegung Vintlers paßt dann allerdings nicht ganz zum beschriebenen Fall, denn er fährt fort: daraus könne man ersehen, daß die, welche fahren und gleichzeitig daheim seien, nur von Satanas in ihrem Sinn «verzückt» würden, daß sie zu fahren glaubten, während sich ihr Leib nicht von der Stelle rührte (8171–8181). Vintler schildert später noch, wie eine Frau Thomas von Aquin gebeichtet habe, daß sie oft in das Himmelreich fahre, wo die Jungfrau Maria Hof hielte und durchaus weltliche Vergnügungen getrieben würden. Wiederum erklärte sich der Heilige bereit mitzutun, wurde mit der Frau zusammen *verzuckt* (8304) und entlarvte durch eine mitgeführte Hostie den ganzen «himmlischen Hofstaat» als teuflisches Blendwerk.

V. Zunahme der Magie im Spätmittelalter

Es hat den Anschein, als ob gegen Ende des Mittelalters und in der Frühen Neuzeit die Magie, sowohl die gelehrte Wissenschaft der *magia naturalis* und der *magia diabolica* als auch die volkstümliche, immer mehr an Bedeutung gewannen. Über die Gründe wie Verunsicherung des kirchlich geprägten Weltbildes durch neue wissenschaftliche Erkenntnisse und Entdeckungen, reformatorische Bewegungen, Katastrophen wie etwa eine starke Klimaverschlechterung, die Pest und anderes ist hier nicht zu spekulieren. Leidtragende waren einerseits Randgruppen wie «Ketzer», «Zigeuner» und besonders die Juden, andererseits die Frauen, die vorwiegend Gegenstand des Hexenwahns wurden, also keine Randgruppe, sondern ca. 50 % der Bevölkerung. Alle diese Pogrome und Verfolgungen sind historisch gut belegt und bis ins Einzelne auch untersucht. Hier kann von ihnen nur deshalb die Rede sein, weil die Vorwürfe gegen sie gleichsam normhaft bestimmte, ihnen unterstellte magische Handlungen betrafen. Die Verbindung der Chiromantie mit den «Zigeunern» haben wir schon bei Hartlieb kennengelernt.

1) Ketzer und Templer

Die Ketzer wurden mit «widernatürlicher Unzucht», besonders mit Bestialität, die man heute umgangssprachlich meist «Sodomie» nennt, in Zusammenhang gebracht, und zwar so regelmäßig, daß die engl. Alltagsbezeichnung für den «Sodomiten», *bugger*, letztlich die aus dem Altfranzösischen (*bougre*) entlehnte Bezeichnung der *Bulgaren* ist, die man kurzerhand mit der südslawischen Sekte der Bogomilen identifizierte. Tatsächlich haben diese ja in der Lombardei und Südfrankreich ganz entscheidend an der Entstehung verschiedener Ketzerbewegungen mitgewirkt. Das dt. Wort *Ketzer* ist von der Selbstbezeichnung der Katharer als die «Reinen» abgeleitet, doch wurde die Wortwurzel volksetymologisch mit dem Namen der *Katze* zusammengebracht und den Ketzern oder «Katzenrittern» Unzucht mit Katzen nachgesagt.

Besondere Faszination übten und üben noch die Templer aus.[19] Als der französische König Philipp IV. der Schöne die Templer aus Geldgier ab 1307 gerichtlich verfolgte – der Großmeister Jacques de Molay wurde 1314 verbrannt – und den Orden aufhob, wurden immer wieder folgende Vorwürfe gegen den Ritterorden erhoben, die auch großteils in dem *Roman de Fauvel* des Gervais du Bus zu finden sind: Sie würden dem Großmeister, der Laie war, das Recht des Bußsakramentes zusprechen, in einer geheimen Zeremonie die Dreifaltigkeit, Maria und die Heiligen verleugnen, dabei spiele der «schändliche Kuß» (*osculum infame*) auf den Hintern oder die Pudenda eine Rolle, sie würden homosexuelle Handlungen ausführen, Hostien, die noch nicht konsekriert wären, frevelhaft verwenden, gotteslästerliche Handlungen mit dem Bild Christi und seinem Kreuz ausüben und ein heidnisches (= teuflisches) Idol anbeten, das verschieden beschrieben und gelegentlich in Südfrankreich *Baphomet* genannt wurde. Es ist eine Ironie der Geschichte, daß sich hinter diesem Namen höchstwahrscheinlich der des Propheten Mohammed als *Mahomet* verbirgt und so der Stifter des bilderfeindlichen Islam selbst in der Sicht des Abendlandes zu einem Götzen wurde. Eine andere Erklärung verbindet dagegen den Namen des Götzen mit arab. *abufihimat* ‹Vater des Erkennens› (Biedermann [1998], 80). Die nicht unbegründete Vorstellung vom Reichtum des Templerordens hat schon im Mittelalter – etwa bei Wolfram von Eschenbach – dazu geführt, ihn mit dem *Gral* zusammenzubringen.

2) Judenverfolgungen

ereigneten sich immer wieder im Zusammenhang mit den Kreuzzügen, weil man die Juden beschuldigte, das heilige Land an die Muslime verraten zu haben. Später führte man die Pest und andere Katastrophen auf die Juden zurück, die angeblich die Brunnen vergifteten. Die Hauptvorwürfe rankten sich um «Ritualmord» und Hostienfrevel. Die antichristliche Schmähschrift der Juden *Toledoth Yeshu* ‹Das Leben Jesu›, die aus christlicher Sicht wirklich extrem anstößig ist, war hingegen im Mittelalter unter Christen fast gar nicht bekannt und wurde erst 1681 durch Johann Wagenseil einem breiteren Publikum zugänglich, hat aber auch dann im Antijudaismus und Antisemitismus der Folgezeit erstaunlich wenig Bedeutung erlangt. Darin wird u. a. erzählt, daß *Yeshu* sich in den Tempel geschlichen und den vokalisierten Gottesnamen *JHWH* auf einen Pergamentstreifen geschrieben habe, den er sich in sein Bein einnähte, um ihn aus dem Tempel schmuggeln zu können. Damit verrichtete er dann seine «Wunder». Wir sind hier ganz im Dunstkreis der Namensmagie.

Der mittelalterliche Vorwurf des Ritualmordes scheint in England um 1144 entstanden zu sein, als die Juden angeblich an dem Kind William von Norwich die Kreuzigung Christi nachvollzogen, und gelangte im 13. Jh. in das Heilige Römische Reich. Gewöhnlich wurde behauptet, Juden hätten ein Christenkind ermordet, um sein Blut für eine magische Praktik zu verwenden, entweder für ein Heilmittel oder um es der Pesach-Mazze beizumischen. Der Vorwurf ist angesichts des Menschenopferverbots im Alten Testament (2 Mos. 13, 2. 12 f; 22, 28 f; 34, 19 f; 3 Mos. 20, 2–5; 4 Mos. 3, 1 ff; 18, 15; 5 Mos. 15,19) und des für Blut bestehenden mosaischen Speisetabus (1 Mos. 9, 4; 3 Mos. 3, 17; 7, 26 f; 17, 10–14) besonders abwegig und wie der Hexenglaube nicht aus einer einzigen Wurzel, wie etwa kirchlicher Verhetzung, erklärbar. Bezeichnenderweise wurden auch den Christen von heidnischen Römern Ritualmorde zugeschrieben, was man natürlich als Entstellung des Eucharistiegedankens in systemexterner Sicht verstehen kann.

Noch heute gibt es zwei Kindermärtyrer, deren Ermordung man den Juden zuschrieb und deren Kult zum Leidwesen der modernen Kirche nicht so leicht auszurotten ist. Es sind die angeblichen Ritualmorde an Simon von Trient 1475 und an Anderl von Rinn 1462, dessen Verehrung allerdings erst ab 1620 bezeugt ist. Im Deutschen Reich hörten die Ritualmordprozesse Mitte des 16. Jh.s auf, gingen aber in Osteuropa (Polen, Litauen, Rußland) lange weiter. In Rußland endete der letzte Prozeß 1913 mit einem Freispruch. Die Behauptung, daß am Ritualmord vielleicht doch «etwas dran sei», lebt bis heute fort.[20]

Da die Hostie potentiell immer der Leib Christi ist, ist der Vorwurf des Hostienfrevels älter als die Festsetzung des Dogmas der Transsubstantiationslehre (1215) und die Einführung des Fronleichnamsfestes (1264), das ja selbst schon auf ein Hostien-Blutwunder in Bolsena 1263 zurückgeht. So stammen also die ersten Vorwürfe der Hostienschändung bereits aus dem Frühmittelalter.[21]

Sie nahmen im Hoch- und Spätmittelalter sprunghaft zu. Eines der Paradebeispiele, aber keineswegs das erste, ist der angebliche Hostienfrevel von Deggendorf in Niederbayern (1337), dessen man bis 1992 (!) in einer Wallfahrt, der «Deggendorfer Gnad», gedachte. Nach dem behaupteten Deggendorfer Vorfall wurden andere Hostienschändungen (z. B. 1338 in Pulkau in Niederösterreich, 1420 in Enns) erfunden und ausgeschmückt. Angeblich hatte eine christliche Magd den Juden zehn konsekrierte Hostien verkauft, die sie dann mit Dornen zerkratzten, sodaß sie bluteten und sich ein Kindlein zeigte; sie mit Ahlen durchbohrten, so daß Blut austrat; sie in einen heißen Backofen schoben, worauf wieder ein Kindlein erschien, und sie vergeblich auf einem Amboß zu zerschlagen versuchten. Als sie die Hostien verschlucken wollten, erschien wieder ein kleines Kind, «widersetzet sich mit Händ und Füßlein». Zuletzt sollen die Hostien in einen Giftbeutel gesteckt und in den Brunnen geworfen worden sein. Als das vergiftete Wasser Todesfälle verursachte, forschte man nach und fand die zehn Hostien im Brunnen unversehrt, worauf der Frevel ruchbar und die Juden im Folgejahr verbrannt wurden. Ein Dorn, eine Ahle, ein Stein des Backofens, aber auch eine «Bluthostie» selbst wurden als «Reliquien» zur Beglaubigung des Vorfalls noch lange gezeigt. Wieweit die hier den Juden unterstellten Mißhandlungen der Hostie als magisch bezeichnet werden können, ist fraglich, aber andere Versionen dieser Sage legen nahe, daß man den Juden eine Art magische Schändung der Hostien zuschrieb, etwa daß sie diese in die Mazzen einbacken wollten (1510 in Brandenburg), vielleicht (?) um an der Kraft der Christen teilzuhaben. Legendenhafte mittelalterliche Erzählungen wie «Die Jüdin und der Priester» oder «Das Jüdel» berichten, daß Juden im Gegensatz zu Christen in der Hostie wundersamerweise auch einen Menschen erblicken konnten. Das scheint jedoch ein Vorrecht der Nicht-Christen gewesen zu sein, denn eine Legende berichtet von einem heidnischen Litauer, daß er sich bekehrt habe, als er sah, daß der christliche Priester bei der Kommunion «einen starken Mann» in Stücke brach und mit der Gemeinde verzehrte (Birkhan

[1992], 168–170). Etwa seit der Zeit der Reformation gab es keine Gerichtsprozesse wegen Hostienfrevels mehr, dennoch hat sich der Vorwurf als eine Art Dauerklischee bis in den modernen Antisemitismus erhalten.

Die gar nicht so seltenen Berichte aus dem Mittelalter und der frühen Neuzeit von «blutenden» oder sich blutig verfärbenden Speisen, was als *prodigium*, d. h. Omen drohenden Unheils, galt, werden jetzt auf die Wirkung des «Prodigienbakteriums» (*Serratia marcescens*) zurückgeführt (Winkler).

3) Hexenwahn

Die Vorstellung von der Hexe,[22] die übrigens auch im Alten Testament begegnet (Mose, Ex. 22, 18), hat in Europa überall vorchristliche Wurzeln, sei es im antiken, keltischen oder germanischen Heidentum. Die vollere ältere Form unseres Hexenwortes ist ahd. *hagzissa* identisch mit aengl. *hægtes(se)* > engl. *hag*, und bestimmt sie wie aisl. *túnríða* ‹Zaunreiterin› als eine mit der Einzäunung verbundene dämonische Gestalt. Das engl. Wort *witch* aus aengl. *wicce* ist die weibliche Form zu *wicca* ‹Zauberer›, gehört zu einem heute ausgestorbenen mhd. Wort *wicken* ‹zaubern; prophezeien› und ist vielleicht eine Sekundärbildung zu germ. **wīhaz* ‹heilig›. Eine verwandte Wurzel lebt in frühnhd. *Weichlerei* ‹Zauberei› und *Weichlerin* ‹Hexe› weiter. Die lat. Bezeichnungen *striga* ‹Nachtunhold; Ohreneule› und *lamia* ‹Unholdin; Vampir› sind griech. Lehnwörter (*strinx*, *lámia*) und bedeuten in ihrer Ursprungssprache ‹Eule› und ‹die Gefräßige›. Die antiken Hexenbezeichnungen haben also die gespenstische Nachtseite der Eulen und Vampire in den Vordergrund gestellt, die jüngeren germanischen ihre uns kaum mehr faßbare Verbindung mit dem Zaun oder wurden vom alten germ. Wort für ‹heilig› abgeleitet.

Die germanischen (christlichen) Volksrechte wie etwa das der Langobarden bestraften den Glauben an Hexen, und noch Karl. d. Große verordnete die Todesstrafe gegen jene, die vom Teufel verführt, einen Mann (!) oder eine Frau für eine Hexe (*strigam*) hielten und glaubten, daß sie Menschen fresse. Nur das Salfränkische Recht (*Lex Salica*) rechnete damit, daß jemand durch eine Hexe getötet werden könne, sah aber auch dafür nur das übliche Wergeld vor. Der Kirche mußte daran gelegen sein, die Reflexe der alten Göttinnen, ihrer Priesterinnen und ihres Kultes möglichst auszumerzen.

Das Kirchengesetz (*Canon*), das nach dem ersten Wort *episcopi* ‹die Bischöfe› *Canon Episcopi* heißt und zuerst 906 in einer Schrift des Abtes Regino von Prüm (ca. 840 – 915) erscheint, wo es fälschlich als Ergebnis eines Konzils von Ankara bezeichnet ist, setzte sich ausführlich mit dem Hexentreiben und den Nachtfahrten auseinander. Der *Canon* schreibt vor, Männer und Frauen, die bei magischen teuflischen Praktiken angetroffen werden, aus den Pfarreien zu verstoßen. «Es soll auch nicht übergangen werden, daß einige einfache Frauen, verdorben vom Satan und verführt von Halluzinationen und dämonischen Phantasmen, glauben und offen bekennen, daß sie tief in der Nacht, auf gewissen Tieren zusammen mit der heidnischen Göttin Diana und einer unzähligen Frauenhorde über riesige Strecken Landes fliegen, um den Befehlen ihrer Herrin zu gehorchen und in anderen Nächten ihr zu Diensten zu sein. Aber es wäre gut, wenn diese allein in ihrem Unglauben zugrunde gingen und nicht so viele andere in die Fallgrube ihres Irrglaubens mit sich zögen, denn, verführt von diesem Irrtum, meint eine unübersehbare Menge, daß das wahr sei, kommt so vom rechten Glauben ab und fällt in heidnischen Irrglauben zurück, wenn sie glaubt, daß es irgend eine Gottheit oder Macht außer der Gottes gibt.» Es ist der Teufel, der einer solchen Frau Dinge vorgaukelt, die sie dann in Wirklichkeit erlebt zu haben glaubt. Wer wäre so töricht zu glauben, daß alle im Traum wahrgenommenen Ereignisse sich in Wirklichkeit abgespielt hätten? Sagt nicht auch Johannes in der Apokalypse «Ich war im Geist entrückt» – und nicht körperlich Zeuge des künftigen Geschehens. Da es von Gott heißt: «Alle Dinge wurden von ihm geschaffen», stellt der *Canon* fest: «Wer also glaubt, daß irgend etwas gemacht, oder daß ein Geschöpf zum Besseren oder Schlechteren verändert oder in eine andere Erscheinung und Ähnlichkeit verwandelt werden kann, außer durch Gott selbst, der alles geschaffen hat und durch den alles geschaffen wurde, ist zweifellos ein Ungläubiger.» Natürlich setzen alle späteren Hexentheorien voraus, daß die Aktionen der Teufel, Dämonen und Hexen letztlich immer mit der «Zulassung Gottes» geschehen, da die Macht des Teufels allein für die Größe der Verbrechen nicht ausreiche. Der *Canon Episcopi* wurde sehr breit rezipiert und blieb im Kirchenrecht des *Corpus Iuris Canonici* bis 1918 gültig.

Auch Burchard von Worms empfiehlt in seinem 1008–1012 verfaßten *Poenitentiale ecclesiarum Germaniae* (‹Bußbuch der Kirchen Deutschlands›), dem sogenannten *Corrector* (III, 170), in der Beichte die Frauen zu befragen, ob sie an die Nachtfahrt und an die Möglichkeit, einen Menschen ohne sichtbare Waffen zu töten, glauben, des weiteren daran, daß einer gekocht und verzehrt werde, oder daß man ihm das Herz aus der Brust nehmen und es durch Stroh oder ein Stück Holz ersetzen könne. Wer das glaubte, dem drohten schwere Kirchenbußen. Wir haben gesehen, daß Vintler mit seiner Verurteilung des Glaubens an *Diana* und mit den beiden als teuflische Illusionen enthüllten Nachtfahrten (s. oben S. 147 f.) ebenso im Rahmen des *Canon Episcopi* liegt wie der Bericht des Juden Abraham, der den Hexenflug als Trance oder Schlaf beobachtete (s. oben S. 103).

1486 oder 1487 erschien jedoch ein Buch, das in seiner Bedeutung und seiner Nachwirkung kaum überschätzt werden kann. Es war der «Hexenhammer» (*Malleus maleficarum*), der in Speyer gedruckt wurde und es bis ins 17. Jh. auf 29 Auflagen brachte.[23] Sein Verfasser war der Dominikaner Heinrich Kramer (um 1430 – um 1505) aus Schlettstadt im Elsaß, dessen Name im Genitiv als *Institoris* latinisiert erscheint. Der früher als Co-Autor genannte Kölner Ordensbruder und Prior Jacob Sprenger (1437–1495) hat nach neuerem Forschungsstand mit dem Buch überhaupt nichts zu tun, ja er lehnte Kramers Hexenverfolgung ab und versuchte eher die Integration von «Ketzern» durch Marienfrömmigkeit und Rosenkranzgebet zu erreichen. Da er über ansehnliche Autorität verfügte, wurde er ohne sein Wissen von Kramer immer wieder im Text als Mitverfasser genannt. Aber erst nach Sprengers Tod und durch einen Irrtum des Johannes Trithemius (s. unten S. 167) gelangte sein Name in allen Ausgaben auf das Titelblatt. Obwohl Kramer 1482 Ablaßgelder unterschlagen haben soll und auch sonst kein unbeschriebenes Blatt war (Hexenhammer, 34 f.), ernannte Innozenz VIII. ihn zum Generalinquisitor, der nun auf der Suche nach Hexen umherzog, gegen die er inquisitorisch vorgehen konnte. Nicht erfolgreich war er 1485 in Innsbruck, von wo ihn der Erzbischof von Brixen Georg Golser auswies und für verrückt erklärte (*mihi delirare videtur*). Tatsächlich wird Kramer auf einen nüchternen Beobachter wegen seines misogynen Hexenwahns, aber auch der Endzeiterwartung einen solchen Eindruck gemacht haben. Offenbar rechnete er mit dem Weltuntergang im Jahr 1500, weshalb er in der dem «Hexenhammer» vorausgestellten *Apologia* ‹Verteidigung› beklagt, daß der «alte aufgehende Stern» (*Lucifer*) das Heilswerk der Kirche durch Ansteckung mit Irrlehren «unter den Katastrophen des seinem Ende entgegeneilenden Zeitalters» verpeste (Hexenhammer, 117).

Um einem Scheitern wie in Innsbruck in Zukunft vorzubeugen, sollte der «Hexenhammer» als Lehr- und Handbuch

Appologia auctoris in malleum maleficarum.

Cum inter ruentis seculi calamitates: quas proh dolor non tam legimus q̃ passim experimur. vetus oriens damno sue ruine irrefragabili dissolutus ecclesiã quã nouus oriens homo christus iesus aspersione sui sanguinis fecundauit licet ab initio varijs heresum contagionibus inficere nõ cessat. illo tñ precipue in tpe his conatur. quando mundi vespe ad occasum declinante & malicia hoim excrescente. nouit in ira magna. vt Joh. in Apoc. testatur: se modicũ tempus habere. Quare et insolitã quandam hereticam prauitatẽ in agro dñico succrescere fecit: heresim inquam maleficarum. a principaliori in quo vigere noscitur sexu: denotando. Que dum innumeris machinatur insultibus hoc tamẽ in singulis: quod cogitatu terribile: deo nimiũ abominabile: et oĩbus christifidelibus odibile cernitur. opibus expletur. Ex pacto enĩ cum inferno & federe cum morte: fetidissime seruituti. pro earum prauis explendis spurcitijs se subijciũt. Preterea ea que in quotidianis erumnis: hominibus. iumentis & terre frugibus ab eis deo pmittente & virtute demonũ cõcurrente inferuntur. Inter que mala: nos inquisitores Jacobus sprenger. vna cum charissimo ab apostolica sede in exterminiũ tam pestifere heresis socio deputato: licet inter diuinorum eloquiorũ pfessores sub predicatorum ordine militantiũ minimi. Pio tamen ac lugubri affectu pensantes quid remedij quidve solaminis mortalibus ipsis p salutari antidoto foret amministrandũ. huic opi pre cunctis alijs remedijs: pios submittere humeros dignũ iudicauimus confisi de melliflua largitate illius: qui dat omnibus affluenter. et qui calculo sumpto de altari. forpice tangit et mundat labia impfectorum in finem optatũ cũcta pducere. Verum cum in operibus hominũ nil fiat adeo vtile et licitum: cui nõ possit aliqua pnicies irrogari. Ingeniola etiã nostra ad acumen nõ pueniunt veritatis. nisi lima alterius prauitatis plurimũ fuerint abrasa. Ideo qui de nouitate opis nos redarguendos estimat. ad certamẽ illius confidẽter accedimus. Sciat tñ hocipsum opus nouum esse simul et antiquũ. breue piter et plixum. antiquum certe materia et auctoritate: nouũ vero ptiuz compilatõne earũq aggregatõne. breue pter plurimorum auctoruz in breuem pstrictõem. longum nihilominus pter immensam materie multitudinẽ & maleficarum imperscrutabilẽ maliciam. Nec hoc dicimus ceterorum auctoruz scriptis presumptuose derogando nostrũq opus iactanter et inaniter extollendo. cum ex nostro ingenio pauca & quasi nulla sint addita Vñ nõ nrm opus: sed illorum potius censet quorum ex dictis fere sunt singula cõtexta. Qua siquidem ex causa nec poemata condere nec sublimes theorias cepimus extẽdere: sed excerptorum more pcedendo: Ad honorẽ summe trinitatis & indiuidue vnitatis. sup tres ptes principales. originẽ. pgressum et finem. Maleficarum malleuz tractatũ nuncupando aggredimur. recollectõnem opis socio. executõnem vero his quibus iudicium durissimũ imminet. eo q in vindictam malorum: laudẽ vero bonorum cstituti cernũtur a deo. cui oĩs honor & gloria in secula sclorum Amen.

Vorrede zum Hexenhammer

der Theorie und Praxis des Inquisitors dienen. Zur Erhöhung der Autorität seines Werkes stellte Kramer die sog. «Hexenbulle» von Papst Innozenz VIII. *Summis desiderantes affectibus* ‹In unserem sehnlichsten Wunsche› von 1484 an den Anfang. In dieser einzigen päpstlichen Stellungnahme zu den Hexen und deren Verfolgung ermächtigte Innozenz die in Deutschland tätigen Inquisitoren gegen Zauberer und Hexen gerichtlich vorzugehen, da diese in den Tätigkeitsbereich des Ketzergerichtes gehörten. Eine heute als gefälscht angesehene Approbation der Universität Köln sollte die Richtigkeit darüber hinaus beglaubigen.

Der «Hexenhammer» besteht aus drei Teilen: einer mehr theoretischen Einleitung über den Teufel, die Hexe als sein Werkzeug und die Frage der Theodizee, warum Gott diese dämonischen Wesen zulasse; denn die Dämonen haben nur eine eingeschränkte Macht, bloß Geringes wie Frösche usw. hervorzubringen oder sich in ein niederes Ding zu verwandeln wie etwa in Salat (Hexenhammer, 271). Der zweite Teil geht konkret auf die Tätigkeit der Hexen ein und gibt Hinweise für Maßnahmen gegen diese. Der dritte Teil gibt eine Anleitung, wie Hexenprozesse durchzuführen sind.

Voraussetzung des Hexenwesens ist der Teufelspakt, doch ist dieser – im Gegensatz zum Vertrag Fausts – emotional und sexuell orientiert. Der Teufel muß angebetet werden, was natürlich einen fundamentalen Abfall von Gott bedeutet. Die Hexerei war nun ein vorwiegend weibliches Vergehen, wie ja schon der Titel des Werkes entgegen den Prinzipien der lat. Grammatik nur die feminine Form *maleficarum* verwendet und auch heute noch das Wort *Hexe* weiblich konnotiert ist. Nur etwa 10–15 % der Verfolgten sollen Männer gewesen sein. Der Pakt wird als sexuelle Beziehung mit dem Teufel verstanden, deren Höhepunkt der Coitus ist (Hexenhammer, 177–199, 398–411). Findet der Verkehr – immer in «Missionarsstellung» – mit einer Hexe statt, so heißt der über ihr befindliche Dämon *Incubus*, soll einmal ein Mann verführt werden, so nimmt der Dämon weibliche Formen an, weil er jede Form von Homosexualität verabscheut (!), und liegt dann als *Succubus* unter dem Zauberer. Die Dämonen blieben beim Coitus in der Regel unsichtbar! Kramer wußte nur, «daß oft auf den Feldern oder in den Wäldern Hexen auf dem Rücken liegend gesehen werden, [bis] oberhalb des Nabels entblößt und die gemäß der Eigenart jener Schweinerei sich mit den zugehörigen Gliedmaßen, den Schienbeinen und Schenkeln, heftig bewegten, während die dämonischen *Incubi* sich ebendort unsichtbar für die Umstehenden betätigten, mochte sich auch am Ende des Aktes ein schwarzer Rauch in der Länge eines Mannes von der Hexe aufwärts in die Luft erhoben haben; aber

Der Teufel als Freier

dies [ist] sehr selten» (Hexenhammer, 409). Die gefolterten Frauen gestanden später, daß der teuflische Buhle ein eiskaltes, unnatürliches oder sich wie Holz anfühlendes Glied habe.

Die Frau ist laut «Hexenhammer» schon seit der Schöpfung dem Teufel stärker ausgesetzt und schwächer als der Mann, vor allem im Glauben, was ja auch die der Form nach typisch mittelalterliche «Etymologie» ihres Namens lehre: «es heißt nämlich *femina* [Frau] von *fe* und *minus*, weil sie immer geringeren Glauben hat ...» (Hexenhammer, 231). Schon Hartlieb hatte die Vorliebe des Teufels für Frauen damit erklärt, daß diese in Gemüt und Glauben ungefestigter als Männer seien (33). Der «Hexenhammer» unterscheidet also zwei Vergehen, die ein «gemischtes Verbrechen» (*crimen mixtum*) ergeben: die Teufelsanbetung, die in den Bereich der Ketzerei gehört, und die eigentliche magische Handlung, das *maleficium.* Erstere fällt in den Zuständigkeitsbereich des geistlichen Gerichts, letzteres als verbrecherische Handlung in das des weltlichen, was sich auch in der Prozeßordnung spiegelt.

Das war allerdings keine wirklich neue Ansicht, sondern war schon von dem Katalanen Nicholas Eymerich (etwa 1320–1399) in seinem Handbuch «Anleitung für Inquisitoren» (*Directorium Inquisitorum*) vertreten worden, das zum repräsentativen Kanon der spanischen Inquisition wurde. Auch ihm war schon der südfranzösische Inquisitor Bernard Gui (1261/62–1331) als Verfasser eines einschlägigen «Handbuchs zur Aufspürung ketzerischer Verworfenheit» (*Practica inquisitionis heretice pravitatis*) vorausgegangen, den Umberto Ecos «Der Name der Rose» wieder berühmt gemacht hat.

Nach Eymerich hatte die *magia diabolica* der Ketzer drei fundamentale Erscheinungsformen: die Daemonolatrie, also die Anbetung der Dämonen mit Opfer, Gebet, Räucherung und angezündeten Kerzen, sodann die Daemonodulie, den Dämonendienst, der etwa darin bestand, daß man Dämonennamen neben denen Heiliger in die Litanei mischte oder Dämonen um Vermittlung bei Gott bat, und zuletzt den Versuch, sich für mantische Zwecke Dämonen durch Beschwörung dienstbar zu machen, wie es etwa in der pseudosalomonischen *Ars notoria* und anderen Werken dieser Art gelehrt wird. In Anbetracht seiner Vorgänger ist der «Hexenhammer» also nicht ganz neu. Neuartig und unerhört jedoch ist, daß, wie erwähnt, die Zielgruppe nun doch ganz überwiegend Frauen waren, und zwar Frauen aller Stände, auch sehr einfache, die man in keiner Weise mit einem Teufelsbündler vom Schlag des Johannes Faust oder einem Adepten der pseudosalomonischen goëtischen Literatur in einem Atem nennen kann.

Im zweiten Teil, der auf die *maleficia* genauer eingeht, finden sich viele auch bei Vintler genannte Formen des Schadenzaubers, wie Wettermachen und Milchdiebstahl – in Gestalt von Schmetterlingen oder des *Ziegenmelkers* (Nachtschwalbe; *Caprimulgus*) –, aber auch die Tötung von Menschen, magisch bewirkte Unfruchtbarkeit, Fehlgeburten als Werk hexender Hebammen, insbesondere aber *maleficia*, welche die Sexualität betreffen. Hier bewirken die Hexen nicht nur Impotenz, sondern stehlen den Männern den Penis, worauf sie etwa 20 bis 30 der entwendeten Glieder in einem Vogelnest verstecken, wo sich diese «wie Lebewesen bewegen, Hafer und Futter essend», was aber nur dämonische Sinnestäuschung ist (Hexenhammer, 426) – im Grunde eine ausgesprochen groteske Vorstellung, die der Gestaltung durch einen Alfred Kubin würdig gewesen wäre.

Lehrreich ist der Vergleich mit Vintler, denn er zeigt, daß der Bozener durchaus noch auf dem Standpunkt des Canon *Episcopi* stand. Er geißelt ja den Aberglauben, daß jemand – übrigens nicht nur Frauen – einem Mann den Penis rauben könne. Das geht eindeutig aus dem Bericht von Nachtfahrten auf Kälbern und Böcken hervor, die Vintler ja am Beispiel des Hl. Germanus und des Hl. Thomas von Aquin als halluzinatorisches Blendwerk entlarvt. Die Sünde bestand im Glauben, daß das «Geschirr» gestohlen werden könne, während der «Hexenhammer» nun tatsächlich dessen Schein-Diebstahl als *maleficium* voraussetzt. Auch Kramer glaubt nicht, daß die Glieder wirklich vom Körper abgetrennt, sondern daß sie durch Blendwerk verborgen werden, aber doch so, daß nicht nur der unmittelbar Betroffene den Penis vermißt, sondern auch ein unbeteiligter Zeuge ihn nicht wahrnimmt (Hexenhammer, 420–428). Man könnte freilich fragen, warum ein Dämon nicht überhaupt jemandem den Penis rauben könne, sondern sich dazu einer Hexe bedienen müsse, welche die entsprechenden Wahnvorstellungen herbeiführe. Kramer meint, daß der Penisraub dann dem Geschädigten Schmerzen bereitet hätte, was ja nicht der Fall ist, und daß der Dämon nie das Glied rauben würde, mit welchem sein Besitzer ja zur Freude des Dämons sündigen könne (Hexenhammer, 427 f.).

Kramer bezieht auch den Volksaberglauben ein, etwa den vom Wechselbalg, der den Frauen tatsächlich von Dämonen unterschoben wird. Es sind die von *Incubi* gezeugten Hexenkinder, die sehr mager und dabei schwer sind und durch keinen auch noch so großen Milchreichtum der vermeintlichen Mütter gestillt werden können (Hexenhammer, 593 f.). Auch die Schratteln *(schrettil)* seien eigentlich solche Dämonen. Allerdings lehrt der gestrenge Institor doch auch, wie man durch apotropäischen Gegenzauber diese *maleficia* verhindern könne. Um Schadenzauber an Haustieren vorzubeugen, grabe man unter der Stallschwelle oder unter der Futterkrippe auf, entferne die Erde und ersetze sie durch solche, die zuvor geweiht worden ist. Die Hexen bewirken den Schadenzauber gerne, indem sie «eine ganz unbedeutende Sache, z. B. einen Stein, Holz, eine Maus oder eine Schlange» dort vergraben. Bei Hagel nehme man drei Körner und werfe sie unter Anrufung der heiligsten Dreifaltigkeit ins Feuer, man füge zwei oder drei Vaterunser und Avemarias sowie den Beginn des Johannesevangeliums («Am Anfang war das Wort ...») hinzu und mache in alle Richtungen Kreuzzeichen. Nach den dreimal wiederholten Worten «Und das Wort ist Fleisch geworden ...» sage man dreimal: «Bei den Worten des Evangeliums, dieser Sturm soll weichen!» Danach «wird der Sturm sofort aufhören, wenigstens wenn er infolge Schadenzaubers erzeugt worden ist. Das wird als durchaus wahres und unverdächtiges Experiment beurteilt; denn gerade der Umstand, daß die Körner ins Feuer geworfen werden, würde,

Hexen brauen Unwetter mit Hagel

wenn es ohne Anrufung des göttlichen Namens geschehen würde, für abergläubisch erachtet werden ...» Indem der Betreffende die Hagelkörner ins Feuer wirft, «ist er bestrebt, den Teufel zu belästigen, während er versucht, dessen Werk durch Anrufung der heiligsten Dreifaltigkeit zu zerstören.»

Auch eine Hexe kann die von anderen Hexen zusammengebrauten Stürme mit den Worten zum Stillstand bringen: «Ich beschwöre Euch Hagelkörner und Winde bei den fünf Wunden Christi und den drei Nägeln, die seine Hände und Füße durchbohrten, und bei den vier heiligen Evangelisten Matthäus, Markus, Lukas und Johannes, auf daß ihr, in Wasser aufgelöst, herabfallt» (Hexenhammer, 588 f.). Bei solchen Praktiken ist allerdings zu beachten, daß «das Wortmaterial nichts Falsches enthält, weil man so von Gott keine Wirkung erwarten kann, da er selbst kein Zeuge der Falschheit ist. So bedienen sich nämlich bestimmte alte Frauen in ihren Sprüchen des Verses: ‹Die selige Jungfrau ist über den Jordan gegangen, und da ist ihr der heilige Stephan entgegengekommen, und der hat sie gefragt› und viele andere Albernheiten» (Hexenhammer, 566). Damit ist den Wundsegen gegen *bilwiz*-Schuß und dem Segen gegen Diebstahl, wie wir sie schon (s. oben S. 127) kennengelernt haben, ein Riegel vorgeschoben. Ebenso dürfen außer dem Kreuzzeichen keinerlei Zeichen eingeritzt werden. So wird die Magie mit *characteren* unterbunden.

Es gab auch andere Methoden, den Zauber der Hexen abzuwehren, die selbst wieder so magisch sind, daß sie der «Hexenhammer» nicht empfiehlt. Dazu gehört etwa das Verfahren, das in England mehrfach nachgewiesen ist: Man verschafft sich Urin der mutmaßlichen Hexe, sowie Schnipsel ihrer Fingernägel, Haare und dergleichen orendistische Lebensträger. Man füllte dies in eine Flasche, die man wohl versiegelte und vergrub. Am 9. Juni 2009 berichtete «Spiegel online» vom Fund einer solchen noch original verschlossenen Hexenflasche auf einer Baustelle in Greenwich. Sie enthielt 300 Jahre alten Urin, mehrere Nadeln, ein von einem Nagel durchbohrtes Lederherz, eine Haarlocke und Fingernagelspäne, außerdem einen Hinweis, daß die urinierende Person Nikotin geraucht hatte. Archäologische Funde mit magischem Kontext sind keineswegs selten, dieser jedoch zeigte ein einzigartiges Ensemble, das vorzüglich in den Umkreis des Hexenwahns paßt.

Auch der im «Hexenhammer» oft herangezogene Dominikaner Johannes Nider (ca. 1380–1438) war in seinem Predigthandbuch *Formicarius* ‹Ameisenhaufen›, das etwa ein Vierteljahrhundert nach Vintlers «Tugendblumen» entstand (um 1437), ausführlich auf das Hexenwesen eingegangen. Trotz durchaus misogyner Einstellung hält er jedoch die Hexerei nicht für ein spezifisch weibliches Vergehen. Auch er zweifelte noch wie Vintler an der Realität des Hexenfluges, vielmehr führte er diese «Erlebnisse» auf *phantasmata* zurück, wie übrigens auch das Wilde Heer, bzw. nahm eine Art in den Alpenregionen existierenden Geheimbund an. Dagegen lautete der Leitsatz des Institoris: *Hairesis maxima est opera maleficarum non credere* ‹es ist die größte Häresie, nicht an das Wirken von Hexen zu glauben.› Die behauptete Tatsächlichkeit des Hexenwerks erklärt auch, warum der *Canon Episcopi*, der ja immerhin kanonische Autorität hatte, daneben in Geltung blieb und nicht im Gegensatz zum «Hexenhammer» gesehen wurde. Ersterer wende sich gemäß Institor gegen Personen, die sündhafterweise Nachtfahrten zu machen glaubten, letzterer gegen solche, die tatsächlich nachts ausfahren.

Der dritte Teil enthält Hinweise zur Durchführung der Prozesse, die uns hier nicht beschäftigen können, sowie «Fallstudien». Es wird die Technik der Befragung mit Suggestiv- und Fangfragen gelehrt, das Umgehen mit geheimen Denunziationen bis hin zur Folter. Was diese betrifft, sah das Kirchenrecht vor, daß sie nur einmal angewendet werden dürfe, um dem Delinquenten die theoretische Möglichkeit zu geben, sie zu überstehen und sich als schuldlos zu erweisen. Das war für Eymerich und Kramer, die ja in allen Fällen auf Schuldspruch hinarbeiteten, inakzeptabel. Ersterer umging die kirchenrechtliche Bestimmung, indem er jede Befragung auf der Folter zu einem neuen Prozeß erklärte, letzterer, indem er weitere Folterungen nicht als wiederholte Folter, sondern als Fortsetzung der ersten und einzigen bezeichnete.

Die zur Zeit des «Hexenhammers» wirkenden Gelehrten und die im 16. und 17. Jh. reagierten gewöhnlich zustimmend auf die Hexentheorie. So unter vielen anderen Ulrich Molitor (1442–1507/7) in seinem Werk *De lamiis et phitonicis mulieribus* ‹Über Hexen und wahrsagende Frauen› von 1489, in deutscher Übersetzung «Von Unholden oder Hexen» (um 1500), das vor allem durch seine Holzschnitte zum Hexenflug, Teufelsbuhlschaft, Hexenküche und Hexenmahl bekannt ist. Molitor beurteilte die in der Folter gemachten Geständnisse skeptisch und schränkte das Hexenwesen auf Frauen ein. Etwas anders zu beurteilen ist der Sponheimer Benediktiner Johannes Trithemius (1462–1516), der in seinem *Antipalus maleficiorum* ‹Gegner der Hexereien› (1508) den «Hexenhammer» noch zu übertreffen suchte und dabei auch auf den *Picatrix* zurückgriff. Der notorische Büchernarr und Vielschreiber, der mit seiner *Steganographia* (etwa 1500) das erste Buch über Verschlüsselungen verfaßt hatte, kam selbst in den Geruch der Zauberei durch sein Werk *De septem secundeis id est intelligentiis sive spiritibus orbes post deum moventibus* ‹Über sieben Sekundärwesen, d. h. Intelligenzen oder Geister, die nach Gott den Erdkreis bewegen› (1508), in dem er die guten alten Planetengeister in ihrer Auswirkung auf das irdische Geschehen herausstrich. Man kann den *Antipalus* als vorauseilende Reaktion auf schwere kirchliche Kritik auffassen, immerhin kamen einige der Werke des Benediktiners auf den Index und Trithemius selbst fast vor das Inquisitionsgericht. Zu den späteren Hexenverfolgern gehört auch der angesehene, dem Calvinismus nahestehende Staatstheoretiker Jean Bodin (1529/30–1596), der 1580 zuerst auf Französisch sein Handbuch der Hexenkunde, samt praktischen Anleitungen zur Inquisition und Prozeßführung *La Démonomanie des sorciers*, in deutscher Übersetzung *Vom Außgelasen wütigen Teufelsheer* (1581), herausbrachte.

Peter Binsfeld (nach 1540–1598), Bischof von Trier, verfaßte 1589 einen *Tractatus de confessionibus maleficorum et sagarum*, der schon zwei Jahre später als *Tractat von Bekanntnuß der Zauberer und Hexen. Ob und wie viel denselben zu glauben* in München in Übersetzung erschien.

Martin Anton Delrio (1551–1608), Politiker und Jesuit, bot in seinem *Disquisitionum magicarum libri sex* ‹Sechs Bücher Abhandlungen über Magie›, das er 1599 in Leuven herausbrachte, ein umfassendes Handbuch des Hexenwesens und der Magie im Allgemeinen, also auch der *magia naturalis* und der «weißen Magie». Die Werke von Binsfeld und Delrio galten in der Folgezeit als wichtigste Handbücher. Nun wurden die Hexen auch mittels der «Hexenwaage» überführt. Da man den Hexen, die ja fliegen konnten, auch das Symptom der «Levitation» zuschrieb, war es nicht erstaunlich, daß sie leichter waren als die in der anderen Waagschale aufgehäuften heiligen Schriften.

Hier sei auch erwähnt, daß der Protestantismus, auch Luther selbst, sich zur Hexentheorie bekannte, wenn auch die Zahl der Verbrennungen in katholischen Ländern etwa dreimal so hoch gewesen sein soll wie in protestantischen. Hexenverfolgung gab es sogar in der Neuen Welt. So fanden 1692/93 die berüchtigen Hexenprozesse von Salem im Bundesstaat Massachusetts statt, in dem von über 150 Angeklagten 29 «überführt» und gehängt wurden, davon nur (!) 14 Frauen. Arthur Miller hat, durch die Kommunistenjagd McCarthys in den frühen 1950er Jahren angeregt, dem Thema 1953 das Drama «The Crucible» («Hexenjagd») gewidmet. In Irland fand der letzte Hexenprozeß 1871 statt. Erst 1951 wurde im englischen Recht der «Witchcraft Act» aufgehoben. Auch heute ist noch öfter von «Hexenjagd» die Rede, teils in konkretem, teils in figurativem Sinn.[24] Auch der Vorwurf der Hexerei gegenüber Frauen ist nicht ganz ausgestorben wie etwa die Vorfälle in Lüneburg (Schöck; Hexen heute) zeigen.

Sie sind nicht zu verwechseln mit einem esoterischen wiederbelebten Hexentreiben im Harz, wo ja ab 1990 der seit 1540 als klassischer Hexenberg bekannte *Blocksberg* (der Brocken, 1141 m) wieder allgemein zugänglich ist. In der

Hexentreiben auf dem Blocksberg

neopaganen *Wicca*-Bewegung sind natürlich auch Männer vertreten, doch schon Johannes Praetorius ließ 1668 an seiner «Blockes-Berges Verrichtung» Männer in wichtigen Funktionen teilnehmen.

Zu den ganz wenigen Hexenskeptikern gehörte der Niederländer Johann Weyer (Jan Wier[us]; 1515/1516–1588), ein Schüler Agrippas, der selbst gleichfalls Zweifel am Hexenglauben hegte. Weyer wirkte im deutsch-niederländischen Grenzbereich als Arzt und bildete sich angesichts vieler Hexenprozesse das Urteil, daß die inkriminierten Frauen keine Teufelsanbeterinnen und Hexen, wohl aber vom Teufel irregeleitete Melancholikerinnen seien, die medizinisch behandelt werden müßten. Sein 1563 erstmals gedrucktes Hauptwerk *De Praestigiis Dæmonum* ‹Von den Blendwerken der Dämonen›, das in mehreren Übersetzungen erschien, kam bald auf den Index der verbotenen Bücher. Mein Exemplar trägt einen langen Titel: *De Praestigiis Dæmonum. Von Teufelsgespenst Zauberern und Gifftbereytern/ Schwartzkünstlern, Hexen und Unholden/ darzu irer Straff/ auch von den Bezauberten/ und wie jhnen zuhelffen sey* ... [Mit] *Auch sonderlich hochdienlich newen Zusätzen/ so im Lateinischen nicht gelesern/ ... /so der* Bodinus *mit gutem grundt nicht widerlegen kann/ durchauß gemehret und gebessert ... Franckfurt am Mayn ... 1586.* Man ersieht daraus, daß sich Weyer auch schon mit der Hexentheorie Jean Bodins auseinandergesetzt hat.

Vergleichen wir drei Auffassungen vom magischen Flug! Zunächst bei Johann Hartlieb (32), bei dem sich das älteste Rezept der Flugsalbe (*unguentum pharelis*) in der mittelalterlichen Literatur unseres Kulturraumes findet. Die Salbe besteht aus Vogelblut (dient *similia similibus* zum Flug) und Tierschmalz als Trägersubstanz. Dazu kommen sieben Pflanzen, die den sieben Planeten zugeordnet sind und an dem jeweils richtigen Wochentag gepflückt werden müssen: am Sonntag *Solsequium* (heute nicht mehr sicher bestimmbar: Wegwarte, Ringelblume, Löwenzahn oder Johanniskraut ?), montags *Lunaria* ‹Mondviole›, dienstags *Verbena* ‹Eisenkraut›, mittwochs *Mercurialis* ‹Bingelkraut›, donnerstags *Barba Jovis* ‹Hauswurz› oder ‹Jupiterbart-Wundklee›, freitags *Capillus Veneris* ‹Frauenhaar-Farn›, für Samstag findet sich keine Angabe. In Frage kommen aber dem Kontext nach Giftpflanzen wie *Mandragora*, Bilsenkraut oder Tollkirsche. Sehen wir von der unsicheren Samstagspflanze ab, so bleibt nur das giftige Bingelkraut (ein Wolfsmilchgewächs) als nicht ganz harmloses Kräutlein über. Bei Hartlieb wird die Hexensalbe aber nicht auf dem Körper appliziert, sondern an den Fluggeräten wie Bänken, Stühlen, Rechen oder Ofengabeln, auf denen dann Männer und Frauen durch die Luft reiten, weshalb die Frage des toxischen Gehaltes ohnehin nicht relevant ist. Dabei kann man Hartliebs Darstellung nicht entnehmen, ob er selbst an die Wirkung der Flugsalbe glaubte. Vermutlich vertrat er noch den Standpunkt subjektiver Illusion wie der *Canon Episcopi*. Im Gegensatz zu den späteren Hexensalben erhebt die von Hartlieb eine Art kosmischen Anspruch, indem sie allen Planetengöttern durch ihnen zugeordnete Kräuter huldigt.

Der «Hexenhammer» nimmt ganz konkrete Flüge an und begründet dies mit der Kraft der Dämonen, wofür allerlei Beispiele beigebracht werden, sogar Jesus wurde vom Teufel «auf den Tempel gestellt» und «auf einen sehr hohen Berg gebracht» (Matth. 4, 5–8). Um die Flugsalbe herzustellen, schlachten die Hexen getaufte oder noch ungetaufte Kinder – der alte Ritualmordvorwurf – und kochen das Fleisch in ihrem Kessel. Die festere Substanz, die sich am Boden des Kessels befindet, dient als Hexensalbe, mit der man Sessel und anderes Fluggerät einschmiert, also nicht am Körper appliziert, die Fleischbrühe wird in Schläuchen abgefüllt und zur Festigung des Teufelspakts getrunken (Hexenhammer 376 f., 392). Der Vorwurf des Kannibalismus wird in den Märchen ganz regelmäßig mit den Hexen verbunden.

Gestützt auf den *Canon Episcopi*, hält der Arzt Weyer den Hexenflug für reine Halluzination und stützt seine Meinung auf eine Analyse der Flugsalbe, mit der sich angeblich die Hexen vor ihrem Ausritt einschmierten, um dann mit Rufen wie *Oben aus und nienen a* (‹Oben hinaus und nirgendwo anstoßen!›) auszufahren (Herold). Weyer geht an zwei Stellen auf die Flugsalbe ein. Deren Trägersubstanz ist nach Version der Hexentradition der Fleisch- und Fettabsud von auf dem Kirchhof ausgegrabenen Kinderleichen. Doch Weyer nennt es *ein grobe und unverschämpte lügen/ lautere einblasung des Teuffels/ und loser aberglauben/ daz die jungen Kinder allein durch etwas Ceremonien mögen umbgebracht werden. Item/ daß sie dieselben auß den Gräbern widerumb heimlich außgraben/ ist nichts anders denn ein falscher teuffels wahn/ so auß der* vi imaginativa, *oder einbildung/ so in inen verruckt und verderbt/ oder in einem tieffen schlaff versuncken/ sein uhrsprung hat. Welchs denn/ so man die gräber ersuchte/ darauß sie vermeinen daß sie die Kinder herauß genommen haben/ würde augenscheinlich erfunden werden. Denn die Cörperlein der Kinder gewißlich noch würden vorhanden sein. Ich trag deß auch keinen zweiffel/ ihnen sey die phantasey vom sieden und kochen deß Kindlins Fleisch/ biß es zu einem tranck werde/ gleicher gestalt in den sinn kommen.* Das Hauptargument ist, diese Sünde sei so groß und schrecklich, daß sie unglaubhaft ist, so *daß/ wenn ichs schon mit meinen leiblichen augen gesehe, ich vil mehr gedenken würde/ sie hetten mir mit einem betrieglichen vorschwebenden Bild deß erschröcklichen specktackels/ mein Gesicht verzäubert unnd verblendet …* Natürlich genügt dieses fundamentale, aber doch subjektive Argument, nicht, und Weyer fährt fort: *Aber laß seyn/ daß dem Teuffel auß dem hindern/ solche Salbensiederin herfür kriechen/ die …die gantze Menschliche natur/ so gantz unnd gar von ihnen gelegt/ unnd zu grawsamen wilden Thieren seyn worden. So sage mir doch jemand an/ woher aber eben dieselbige Salbe die krafft empfangen habe/ so bald sie einem angestrichen wird/ daß er … in lüfften wieder unnd für fahren kann/ wie die Hexen selbst?* (Weyer, 152).

Später berichtet Weyer, wie er Zeuge des vermeintlichen Fluges gewesen sei und nennt auch die angeblichen Zutaten zweier Salben: (1) *Sie nehmen für das erste feiste von den Kindern/ von welchen/ nach dem sie es in einem Kessel gesotten haben/ das/ so zuletzt sich an den boden setzt/ kalt werden/ und gestehen lassen. So denn thun sie darunder* Eleoselinum, Aconitum, frondes populneas, fuliginem. *Oder aber:* Sium, Acorum vulgare, pentaphyllon, vespertilionis sanguinem (‹Fledermausblut›), solanum somniferum & oleum.

Die meisten dieser Pflanzen sind heute nicht mehr sicher zu identifizieren. *Ermelte stück mischen sie durch einander/ reiben alle glieder jhres Leibs/ damit sie erhitzigen/ und die Schweißlöchlein* (die Poren)/ *so vor kälte wegen beschlossen/ sich aufftbun/ und schmieren sich allenthalben* ... Eine Alte habe sich bereit erklärt, vor Weyer und seinen Freunden eine Flugsalbe zu applizieren. Durch einen Türspalt hätten sie die Einsalbung mit angesehen, dann sei die Alte zu Boden gefallen und in einen tiefen Schlaf versunken. Darauf hätten sie die Schlafende ziemlich verprügelt, was sie aber gar nicht gefühlt habe. Nach dem Erwachen erzählte sie, wie sie über Berg und Tal geflogen sei, und selbst die Hinweise auf die vom Prügeln wunden Stellen hätten sie nicht von ihrer Phantasie abgebracht. Weyer gibt noch einige weitere Kräuterrezepte an, die Schlaf bewirken, fliegen könne man mit keiner der Präparationen (Weyer, 192–195). Der aufmerksame Leser wird immerhin in beiden Rezepten Giftpflanzen finden, die auch als Psychopharmaka gedient haben könnten. Die ausführlichsten Angaben auch hinsichtlich der Mengenverhältnisse finden sich bei Della Porta (1715), der folgende Ingredienzien zu je vier Teilen erwähnt: *Lolium temulentum* ‹Taumellolch›, *Hyoscyamus niger* ‹Schwarzes Bilsenkraut›, *Conium maculatum* ‹Gefleckter Schierling›, *Papaver rhoeas* ‹Klatschmohn›, *Lactuca virosa* ‹Giftlattich›, *Atropa belladonna* ‹Tollkirsche› und *Portulaca oleracea* ‹Portulak›. Pro Unze (31,1 g) dieser Mischung wird eine Unze Opium zugesetzt. Dabei sind Klatschmohn und Portulak keine Giftpflanzen, und die Wirkung des Giftlattichs ähnelt der des Opiums. Della Porta, der das Präparat an sich selbst versucht haben will, behauptet, daß 1,3 g für einen zweitägigen «Flug» ausreichen.

Auch an die Teufelsbuhlschaft, ein wichtiges Element der Hexenlehre, will Weyer nicht glauben. Da die Dämonen nicht körperlich seien, hätten sie weder Genitalien noch

Samen. *Wo es an speiß unnd tranck zerrinn/ da ist kein* sperma (Weyer, 203). Dies ist ein kühner Gedanke, da Weyer anderwärts wohl damit rechnet, daß der Teufel einen menschlichen Scheinleib annehmen kann, außerdem Schriftstellen gegen sich hat, die davon wissen, daß Göttersöhne (Mose Gen. 6, 2) mit Menschenfrauen Nachkommen hatten und natürlich auch viele Stellen der antiken Mythologie, die von der Verbindung von Göttern mit Menschen erzählen, so etwa der Mythos, daß Äneas, der Ahnherr der Römer, der Sohn des Anchises und der – nach christlicher Einschätzung «Dämonin» – Venus gewesen sei, was z. B. Augustinus allen Ernstes in diesem Sinn vertrat (Hexenhammer, 182 f.). Der «Hexenhammer» hatte gelehrt, daß ein *Incubus* kein Sperma produzieren könne, sehr wohl aber ein als *Succubus* geraubtes durch den Coitus mit der Hexe in diese einbringen könne (Hexenhammer, 177–199, 403–406).

Zwei weitere Gegner erwuchsen der Hexentheorie im 17. Jh. in dem Jesuiten Friedrich von Spee (1591–1635) und dem Leipziger Philosophen und Aufklärer Christian Thomasius (1655–1728), der mit seiner *Dissertatio de crimine magiae* ‹Abhandlung über das Verbrechen der Magie› (1701) die Möglichkeit des Teufelsbündnisses grundsätzlich widerlegte, womit eigentlich dem ganzen Thema die theoretische Grundlage entzogen war, wenn auch vereinzelt immer noch Prozesse stattfanden. Spee hingegen war wegen seiner Gesinnung, die in der *Cautio Criminalis*, übersetzt mit ‹Rechtliches Bedenken wegen der Hexenprozesse› (1632), zum Ausdruck kam, starken Anfeindungen ausgesetzt, weshalb das Buch anonym erscheinen mußte. Es besteht aus 51 Fragen, von denen die ersten vier auf die Existenz von Hexen und die Schwere ihres Vergehens zielen, was Spee durchaus bejaht, während die übrigen Fragen sich mit dem Prozeßverlauf, insbesondere dem Einsatz der Folter, beschäftigen. Diese war das eigentliche Anliegen des Werkes, weil sie nicht nur gegen das römische Recht, wo sie nur unter bestimmten Bedingungen zulässig war, verstieß, sondern der Delinquentin überhaupt keine Chance ließ. Ertrug diese den Schmerz nicht und gestand, so war die Schuld klar und weitere Folterungen konnten noch zu Denunziationen führen, verbiß sie den Schmerz, so übte sie den «Schweigezauber» und war erst recht schuldig.

Als Kuriosität: Frage 43 widmet sich besonders den «Hexenmalen». Darunter verstand man am Körper der Hexe bestimmte Stellen (Muttermale, Warzen und dergleichen), die schmerzunempfindlich waren und aus denen kein Blut austrat, wenn man mit einer Nadel oder Ahle hineinstach. Fanden sich auf dem entblößten Körper, der von den Folterknechten abgesucht wurde, solche Stellen, dann war dies ein Hexenindiz. Spee äußerte dazu 12 Bedenken, darunter, daß man den Henkern und Folterknechten genau auf die Finger sehen müßte, weil die angebliche Schmerzunempfindlichkeit oft durch Taschenspielertricks oder auch durch Zauberei (!) des Henkers vorgetäuscht werde usw. (Cautio, 213–217).

Tatsächlich zeigte der Jesuit, wie den Richtern, Henkern und deren Knechten daran gelegen sein mußte, möglichst viele Hexen zu verbrennen, da sie ja kein festes Gehalt bezogen, sondern ein von der Anzahl der Verurteilten abhängiges Kopfgeld und daher auch an Denunziationen, die zu weiteren Prozessen führen konnten, interessiert waren. Natürlich bereicherte sich auch die Obrigkeit am eingezogenen Besitz der Hexen, und die Denunziation war ein relativ einfaches Mittel, sich einer unliebsamen Mitbürgerin zu entledigen. Die *Cautio Criminalis* ist von Nächstenliebe beseelt und dennoch ein durch und durch rationalistisches Werk, das nach Billigkeit und Vernunft fragt. Insbesondere wendet sich das Buch an die Herrschenden. So endet es mit folgenden Worten: «Wenn nur die Prozesse unablässig und eifrig betrieben werden, dann ist heute niemand, gleich welchen Geschlechtes, in welcher Vermögenslage, Stellung und Würde er sei, mehr sicher genug, sofern er nur einen verleumderischen Feind hat, der ihn vedächtigt und in den Ruf bringt, ein Zauberer zu sein. So steuern wahrhaftig, wohin ich mich nur wende, die Verhältnisse auf ein entsetzliches Unglück hinaus ... Das Seelenheil aller Obrigkeiten und Fürsten ist in großer Gefahr, wenn sie nicht sehr aufmerksam sein wollen ... Sie mögen auf sich und ihre ganze Herde achtgeben, die GOTT einstmals strenge aus ihrer Hand zurückfordern wird» (Cautio, 289).

Abgekürzte Sprachbezeichnungen

aengl.	altenglisch (= angelsächsisch)
ahd.	althochdeutsch
aisl.	altisländisch (= altnordisch)
arab.	arabisch
dt.	deutsch
engl.	englisch (= neuenglisch)
germ.	germanisch
griech.	griechisch
frühnhd.	frühneuhochdeutsch
frz.	französisch
hebr.	hebräisch
it.	italienisch
lat.	lateinisch
mengl.	mittelenglisch
mhd.	mittelhochdeutsch
mlat.	mittellateinisch
ndt.	niederdeutsch
nl.	niederländisch
westgerm.	westgermanisch

Abbildungsnachweis

Abb. S. 45: zitiert nach Albert Neuburger, Ergötzliches Experimentierbuch, Berlin 1920, S. 285

Abb. S. 61: zitiert nach Die Kunst der Chiromantzey usz besehung der hend. Physiognomey usz anblick des menschen. Natürlichen Astrologey nach dem lauff der sonnen. Complexion eins yegklichen menschens. Natürlichen ynflüssz der Planeten. Der zwölff Zeichen Angesychten. Ettliche Canones zu Erkantnüsz der Menschen Krankcheiten. zusammen verordnet vnd verdeütscht durch Joannem Indagine Pfarrern zu Steynheym vnd Dechant zu sanct Leonhart in Franckpfort, Straßburg, Joannem Schott, 1523, 45 v., S. XV

Abb. S. 66: Foto Helmut Birkhan

Abb. S. 67: zitiert nach dem Wiener Dioskurides, Cod. med. gr. 1, © Wien, Österreichische Nationalbibliothek

Abb. S. 83, 84, 87, 91: zitiert nach The Goetia. The Lesser Key of Solomon the King. Clavicula Salomonis Regis, übersetzt von Samuel Liddell MacGregor Mathers, hg. von Aleister Crowley, San Francisco/Newburyport 1997, S. 75, 75, 98, 43

Abb. S. 121: zitiert nach Die gestriegelte Rockenphilosophie, Oder Aufrichtige Untersuchung derer von vielen superklugen Weibern hochgehaltenen Aberglauben, Chemnitz 1759, Titelblatt

Abb. S. 129: © Museum Schloss Burgk

Abb. S. 131: zitiert nach dem Heidelberger Cod. Pal. germ. 552 von 1492, fol. 55a

Abb. S. 139: Foto Helmut Birkhan

Abb. S. 158: zitiert nach Malleus Maleficarum, von Heinrich Institoris (alias Kramer) unter Mithilfe Jakob Sprengers aufgrund der dämonologischen Tradition zusammengestellt, Wiedergabe des Erstdrucks von 1487, hg. von André Schnyder, Göppingen 1991

Abb. S. 160, 164: zitiert nach: Ulrich Molitor, *De lamiis et phitonicis mulieribus,* Reutlingen 1489

Abb. S. 169: zitiert nach: Johannes Praetorius, Blockes-Berges Verrichtung oder ausführlicher geographischer Bericht von den hohen trefflich alt- und berühmten Blockes-Berge: ingleichen von der Hexenfahrt und Zauber-Sabbathe, so auff solchen Berge die Unholden aus gantz Teutschland Jährlich den 1. Maij in Sanct-Walpurgis-Nachte anstellen sollen; Aus vielen Autoribus abgefasset und mit schönen Raritäten angeschmücket sampt zugehörigen Figuren; Nebenst einen Appendice vom Blockes-Berge wie auch des Alten Reinsteins und der Baumans Höle am Hartz, Leipzig – Frankfurt/M. 1668, Titelblatt

Bibliographische Hinweise

Abraham — Des Juden Abraham von Worms Buch der wahren Praktik in der uralten göttlichen Magie und in erstaunlichen Dingen, wie sie durch die heilige Kabbala und durch Elohym mitgeteilt worden samt der Geister- und Wunderherrschaft, welche Moses in der Wüste aus dem feurigen Busch erlernet, alle Verborgenheit der Kabbala umfassend. Aus der hebräischen Pergament-Handschrift von 1387 im XVII. Jahrhundert verdeutscht und wortgetreu herausgegeben, Köln 1725; hier zitiert nach: The Book of the Sacred Magic of Abramelin the Mage, as delivered by Abraham the Jew unto his Son Lamech, A. D. 1458, übers. v. S. L. MacGregor Mathers, London [2]1900 (Nachdruck Dover 1975); vgl. http://www.sacred-texts.com/grim/index.htm;http://www.sacred-texts.com/grim/abr/abr045.htm (29. 4. 2009). http://www.sacred-texts.com/grim/abr/abr047.htm (29. 4. 2009)

Agrippa — Nobilis viri Henrici Cornelii Agrippae ... De occulta Philosophia, siue de Magia Libri tres, I – III, in: Henricus Cornelius Agrippa ab Nettesheym, De occulta Philosophia, hg. u. erläutert v. Karl Anton Nowotny, Graz 1967

Ahd. Lesebuch — Wilhelm Braune, Althochdeutsches Lesebuch, bearb. v. Karl Helm, Tübingen [13]1958

Albert. M., De mineralibus — Alberti Magni summi philosophi de mineralibus et rebus metallicis libri V, Argentorati 1541

Albert. M., De mirabilibus — (Pseudo-)Albertus Magnus, De mirabilibus mundi, Venezia 1472

Albert. M., Liber aggregat. — (Pseudo-)Albertus Magnus, Liber aggregationis seu liber secretorum Alberti Magni, Ferrara 1477

Albrant — Gerhard Eis, Meister Albrants Roßarzneibuch, Reichenberg 1939 (Nachdruck Hildesheim – Zürich – New York 1985)

Apokryphen AT — Erich Weidinger, Die Apokryphen. Verborgene Bücher der Bibel, Augsburg 1990, darin: die koptische Version des «Henoch-Buches», übers. v. Emil Kautzsch

Apokryphen NT	Die Apokryphen Schriften zum Neuen Testament, übers. u. erläutert v. Wilhelm Michaelis, Bremen [3]1956
Apollonius	Leben und Abenteuer des großen Königs Apollonius von Tyrus zu Land und zur See. Ein Abenteuerroman von Heinrich von Neustadt, verfaßt zu Wien um 1300 nach Gottes Geburt. Übertragen mit allen Miniaturen der Wiener Hs C, mit Anmerkungen und einem Nachwort v. Helmut Birkhan, Bern – Berlin ... 2001; Neuausgabe 2005
Apotheken Taxe	Fürstliche Sachsen=Weimar und Eisenachische neu revidierte Apotheken Taxe, Weimar 1779
ARG	Jan de Vries, Altgermanische Religionsgeschichte, Zweite völlig neu bearbeitete Auflage, 2 Bde., Berlin 1956
Artemidor von Daldis	Artemidor von Daldis, Das Traumbuch, aus dem Griech. übertr. v. Karl Brackertz, München 1979
Bachter	Stephan Bachter, Anleitung zum Aberglauben. Zauberbücher und die Verbreitung magischen «Wissens» seit dem 18. Jh., Diss. Hamburg 2005 = deposit.ddb.de/cgi-bin/dokserv?idn=98574121x
Beilke-Voigt	I. Beilke-Voigt, Das Opfer im archäologischen Befund. Studien zu den sog. Bauopfern, kultischen Niederlegungen und Bestattungen in ur- und frühgeschichtlichen Siedlungen Norddeutschlands und Dänemarks. Berliner Archäologische Forschungen 4, Rahden/Westf. 2007
Benesch (1984)	Doktor Johannes Faust: Magia naturalis. Sämtliche magische Werke. Mit einer Einleitung von Dr. Kurt Benesch, Wiesbaden 1984
Biedermann (1978)	Hans Biedermann, Medicina Magica. Metaphysische Heilmethoden in spätantiken und mittelalterlichen Handschriften, 2. Aufl. Graz 1978
Biedermann (1998)	Hans Biedermann, Lexikon der magischen Künste, Wiesbaden 1998
Birkhan (1992)	Helmut Birkhan, Die Juden in der deutschen Literatur des Mittelalters, in: Die Juden in ihrer mittelalterlichen Umwelt, hg. v. Helmut Birkhan (= WAGAPh 33), Bern – Berlin – Frankfurt ... 1992, 143–178
Birkhan (1993)	Helmut Birkhan; Was am alchemistischen Zeichen fremd ist. Denkschemata und symbolische Formen, in: Philosophia

perennis. Festschrift f. Erich Heintel zum 80. Geburtstag, hg. v. Hans-Dieter Klein, II, Bern – München – New York 1993, 22–39

Birkhan (1994) — Helmut Birkhan, Das alchemistische Zeichen. Allgemeines zur wissenschaftlichen Axiomatik der Alchemie und Spezielles zum Buch der heiligen Dreifaltigkeit, in: Keith Griffiths, The Presence, hg. v. S. Zielinski unter der Mitarbeit von Angela Huemer, Graz 1994, 40–53

Birkhan (2008) — Helmut Birkhan, Vom Schrecken der Dinge, in: Faszination des Okkulten. Diskurse zum Übersinnlichen, hg. v. Wolfgang Müller-Funk – Christa Agnes Tuczay, Tübingen 2008, 11–41

BM — British Museum bzw. British Library

BN — Bibliothèque nationale

Bollstatter — Ein mittelalterliches Wahrsagespiel. Konrad Bollstatters Losbuch in CGM 312 d. Bayer. Staatsbibliothek, kommentiert v. Karin Schneider, Wiesbaden 1978

Burchard von Worms — Burchard von Worms, Decretorum Libri Viginti, in: PL, 140, Paris 1880, Sp. 491–1090

Byloff — F. Byloff, Hexenglaube und Hexenverfolgung in den österreichischen Alpentälern (= Quellen zur deutschen Volkskunde 6), Berlin – Leipzig 1934

Cautio — [Friedrich Spee:] *Cautio Criminalis* oder Rechtliches Bedenken wegen der Hexenprozesse, aus dem Lat. übertragen v. Joachim-Friedrich Ritter, München [8]1982

ChR — Chemnitzer Rockenphilosophie (volles Zitat im Text), Auszüge in DM III, 434–450; der gesamte Text: http://www.zeno.org/Literatur/M/Schmidt, +Johann+Georg/Werk/Die+gestriegelte+Rocken-Philosophie (14. 7. 2009)

Clavicula Salomonis — The Key of Solomon the King (*Clavicula Salomonis*), übers. u. hg. nach Manuskripten des British Museum v. S. Liddell MacGregor Mathers. Mit einem Vorwort v. R. A. Gilbert, San Francisco – Newburyport 2006

Collectanea — C. Iulii Solini Collectanea rerum memorabilium iterum recensuit Th. Mommsen, Berlin 1895

Das Schwert des Moses — The Sword of Moses, übers. v. Moses Gaster, London 1896. Bequem zugänglich in: http://www.esotericarchives.com/solomon/sword.htm/translation (1. 7. 2009)

Das Testament Salomons — The Testament of Solomon, übers. v. F. C. Conybeare, in: Jewish Quarterly Review, October 1897, jetzt leicht zugänglich in: http://www.esotericarchives.com/solomon/testamen.htm (29. 6. 2009); C. C. McCown, The Testament of Solomon, hg. nach Manuskripten vom Berg Athos, Bologna, Holkham Hall, Jerusalem, London, Mailand, Paris und Wien, mit Einl. (Untersuchungen zum Neuen Testament, Heft 9), Leipzig 1922; The Testament of Solomon, übers v. M. Whittaker, in: The Apocryphal Old Testament, hg. v. H. F. D. Sparks, Oxford 1984; Peter Busch, Das Testament Salomos: Die älteste christliche Dämonologie, kommentiert und in deutscher Erstübersetzung (Texte und Untersuchungen zur Geschichte der altchristlichen Literatur), Berlin – New York 2006; im Internet: http://www.esotericarchives.com/solomon/testamen.htm (30. 6. 2009)

De Vries — Jan de Vries, Altgermanische Religionsgeschichte, 2 Bde., Berlin ^{2}1956 f.

Della Porta — Joh. Baptistæ Portæ Magia Naturalis, oder Hauß- Kunst- und Wunderbuch. Nach dem vermehrten in XX Büchern bestehenden lateinischen Exemplar ins Hochteutsche übersetzt, an vielen Orten verbessert/ und mit neuen Kupffern und Figuren gezieret, Nürnberg 1715. [Zu Portas Werk vgl. Laura Balbiani, La «Magia naturalis» di Giovan Battista Della Porta: lingua, cultura e scienza in Europa all'inizio dell'età moderna, Bern – Wien … 2001.]

Der Stricker — Die Kleindichtung des Strickers, hg. v. Wolfgang Wilfried Moelleken, Gayle Agler, Robert E. Lewis, 6 Bde. Göppingen 1973–1978. [Die Stücke werden nach der laufenden Nummer zitiert.]

Des Kunckels … Evangelia — Des Kunckels odder Spinnrockens Evangelia vom Montag an biss auff Sambstag mitsampt den Glossen zu Ehren den Frawen beschrieben. Faksimileausgabe des Volksbuches von 1537, hg. und übers. v. Hans-Joachim Koppitz, Köln 1978

Dinzelbacher (1996) — Peter Dinzelbacher, Angst im Mittelalter. Teufels-, Todes- und Gotteserfahrung: Mentalitätsgeschichte und Ikonographie, Paderborn – München – Wien – Zürich 1996

Dinzelbacher (2006) Peter Dinzelbacher: Das fremde Mittelalter. Gottesurteil und Tierprozess, Essen 2006

DM Jacob Grimm, Deutsche Mythologie, 3 Bde., 1875 (Nachdruck Hildesheim ^{4}2003)

Dornseiff Franz Dornseiff, Das Alphabet in Mystik und Magie (Stoicheia. Studien zur Geschichte des antiken Weltbildes und der griechischen Wissenschaft, VII), Leipzig – Berlin ^{2}1925

Duby – Duby Die Prozesse der Jeanne d'Arc, vorgestellt von Georges und Andrée Duby, Berlin 1985

Düwel Klaus Düwel, Runenkunde, Stuttgart ^{4}2008

Eichner – Nedoma Heiner Eichner – Robert Nedoma, Die Merseburger Zaubersprüche: Philologische und sprachwissenschaftliche Probleme aus heutiger Sicht, in: Die Sprache 42 (2000/01), 1–195

Eliade Mircea Eliade, Das Heilige und das Profane (1956)

Evangiles des quenouilles Les évangiles des quenouilles, hg. v. Madeleine Jeay, Paris – Quebec 1985

Eymerich Nicholas Eymerich; Directorium Inquisitorum; leicht im lat. Original zugänglich in: http://digital.library.cornell.edu/cgi/t/text/pageviewer-idx?c=witch;cc=witch;rgn=full%20text;idno=wit045;didno=wit045;view=image;seq=00000001;node=wit045%3A1 (25.7.2009)

Filoramo Giovanni Filoramo, A History of Gnosticism, Oxford 1992

Frazer James George Frazer, The Golden Bough, 12 Bde. London ^{3}1915

Friedlmayer Helmut Friedlmayer, Engelwerk und Kabbala, Durach 1994. Zum «Engelwerk» s. auch Heinz Gstrein: Engelwerk oder Teufelsmacht?, Mattersburg – Katzelsdorf 1990

Frohne – Pfänder Dietrich Frohne – Hans Jürgen Pfänder, Giftpflanzen. Ein Handbuch f. Apotheker, Ärzte, Toxikologen und Biologen, Stuttgart ^{4}1997

Geber Testamentum Gebri Philosophi, in: Manget I, 565–612

Gessmann G. W. Gessmann, Die Geheimsymbole der Chemie und Medicin des Mittelalters. Eine Zusammenstellung der von den Mystikern und Alchymisten gebrauchten geheimen Zeichenschrift, nebst einem kurzgefaßten geheimwissenschaftlichen Lexikon, Graz 1899 (Nachdruck Vaduz 1991)

Goëtia — The Goetia. The Lesser Key of Solomon the King. Clavicula Salomonis Regis, übers. v. Samuel Liddell MacGregor Mathers, hg. mit einer Einl. v. Aleister Crowley, San Francisco – Newburyport 1997

Gratheus — Helmut Birkhan, Die alchemistische Lehrdichtung des Gratheus filius Philosophi in Cod. Vind. 2372. Zugleich ein Beitrag zur okkulten Wissenschaft im Spätmittelalter, 1. Bd.: Einleitung, Untersuchungen, Kommentar; 2. Bd.: Textedition, Übersetzung, Wien 1992

Grimorium Verum — Grimorium Verum. Die meist erprobten Schlüssel von Salomon, dem hebräischen Rabbi, worin die seltsamsten Geheimnisse, natürliche und übernatürliche sofort ausgebreitet sind ... Erstmals veröffentlicht von Alibeck, dem Ägypter in Memphis 1517. (Das Wort *Grimorium* ist die latinisierte Form von frz. *grimoire* ‹Zauberbuch›, das selbst möglicherweise eine entstellte Form von *grammaire* ‹Grammatik› ist.)

Grubmüller — Klaus Grubmüller, «Hartlieb, Johannes», in: Verf.Lex. 3 (1981), 480–496

Gui — Das Buch der Inquisition: das Originalhandbuch des Inquisitors Bernard Gui, eingeführt und hg. v. Petra Seifert, übers. aus dem Lat. v. Manfred Pawlik, München 1999

Haage — Bernhard Dietrich Haage, Alchemie im Mittelalter. Ideen und Bilder – von Zosimos bis Paracelsus, Zürich 1996

Habiger-Tuczay — Christa Habiger-Tuczay, Magie und Magier im Mittelalter, München 1992

Hahnloser — Hans R. Hahnloser, Villard de Honnecourt. Kritische Gesamtausgabe des Bauhüttenbuches ms. fr. 19 093 der Pariser Nationalbibliothek, Graz ²1972

Hansen — Joseph Hansen, Quellen und Untersuchungen zur Geschichte des Hexenwahns und der Hexenverfolgung, Bonn 1901

Harmening — Dieter Harmening, Superstitio. Überlieferungs- und theoriegeschichtliche Untersuchungen zur kirchlich-theologischen Aberglaubensliteratur des Mittelalters, Berlin 1979

Hartlieb — Johannes Hartlieb, Das Buch aller verbotenen Künste, hg., übers. und kommentiert v. Falk Eisermann u. Eckhard Graf, Fulda 1989

Hauck — Karl Hauck, Gold aus Sievern, Münster 1970

HDA	H. Bächtold-Stäubli, Handwörterbuch des deutschen Aberglaubens, 10 Bde., Berlin 1927–1941
Herold	K. Herold, Flugsalbe, in: HDA II (1929/30), Sp. 1676 f.
Hexen heute	Dieter R. Bauer – Dieter Harmening, Hexen heute: magische Traditionen und neue Zutaten, Würzburg 1991
Hexenhammer	Heinrich Kramer (Institoris), Der Hexenhammer. Malleus maleficarum. Kommentierte Neuübersetzung v. Günter Jerouschek u. Wolfgang Behringer München ³2003; der Erstdruck des lateinischen Originals ist zugänglich als: Malleus Maleficarum, von Heinrich Institoris (alias Kramer) unter Mithilfe Jakob Sprengers aufgrund der dämonologischen Tradition zusammengestellt. Wiedergabe des Erstdrucks von 1487 (Hain 9238), hg. v. André Schnyder (= Litterae 113), Göppingen 1991; Peter Segl, Der Hexenhammer. Entstehung und Umfeld des Malleus maleficarum von 1487, Köln 1988. Weitere Literaturhinweise bei André Schnyder – F. J. Worstbrock, Institoris Heinrich, in: Verf. Lex. 4, Sp. 408–415
Historia	Historia von D. Johann Fausten, Text des Druckes von 1587; mit den Zusatztexten der Wolfenbütteler Handschrift und der zeitgenössischen Drucke, hg. v. Stephan Füssel u. Hans Joachim Kreutzer, Stuttgart 2006
Holzmann	Verena Holzmann, «Ich beswer dich wurm vnd wyrmin ...» Formen und Typen altdeutscher Zaubersprüche und Segen (= WAGAPh 36), Bern – Berlin – Brüssel ... 2001
Homann	Holger Homann, Der Indiculus superstitionum et paganiarum und verwandte Denkmäler (Diss.), Göttingen 1965
Indagine	Die Kunst der Chiromantzey usz besehung der hend. Physiognomey usz anblick des menschen. Natürlichen Astrologey nach dem lauff der sonnen. Complexion eins yegklichen menschens. Natürlichen ynflüssz der Planeten. Der zwölff Zeichen Angesychten. Ettliche Canones zu Erkantnüsz der Menschen Krankcheiten. zusammen verordnet vnd verdeütscht durch Joannem Indagine Pfarrern zu Steynheym vnd Dechant zu sanct Leonhart in Franckpfort, Straßburg, Joannem Schott, 1523; zu Johannes de Indagine auch Rupprich, 362; vgl.: Peter Gerlach, in: http://www-users.rwth-aachen.de/kunstserviceg/gerlach/physindex.php?cont=1522_1.html (5. 7. 2009)

Johann von Nürnberg	Johann von Amberg, in: Lyrik des späten Mittelalters, hg. v. Hermann Maschek (= Deutsche Literatur in Entwicklungsreihen. Realistik des späten Mittelalters 6), Leipzig 1939 (Nachdruck Darmstadt 1964), 194–202
Kabbala	Eliphas Lévi; Les mystères de la Kabbale ou l'harmonie occulte des deux Testaments, im Manuskript 1861, publiziert 1920 (Nachdruck: Paris 1977). Wie der Titel schon zeigt, betrieb Lévi die Kabbala aus christlicher Sicht, so auch Papus. Aus jüdischer Sicht sind am bedeutendsten die Arbeiten von Gershom Sholem: Sholem (1973), Sholem (1980), der Lévi Mißverständnisse vorwirft und Crowley des «anspruchsvollen Schwindels» zeiht.
Kanner	Israel Zwi Kanner, Jüdische Märchen, Frankfurt a. M. 1992
Kenyon	F. G. Kenyon, Greek Papyri in the British Museum. Catalogue with Texts, London 1893 ff.
KHM	Brüder Grimm, Kinder- und Hausmärchen, nach der Großen Ausgabe von 1857 textkritisch revidiert v. Hans-Jörg Uther, 4 Bde. München ^{2}1996
Kieckhefer	Richard Kieckhefer, Magie im Mittelalter, München 1992
Kuntner	Liselotte Kuntner, Zum Umgang mit der Nachgeburt: Plazentabestattung im Kulturvergleich, in: Curare 27 (2004), 279–293
Lehmann – Myers – Moro	Arthur C. Lehmann – James E. Myers – Pamela A. Moro (Hg.), Magic, Witchcraft, and Religion. An Anthropological Study of the Supernatural, Boston ^{6}2005
Lucidarius	Lucidarius, hg. v. Felix Heidlauf (= DTM 28), Berlin 1915; es handelt sich dabei um eine Übersetzung des *Elucidarium* ‹Lichtbringer› des Honorius von Autun (ca. 1080 – 1137) in mittelhochdeutsche Prosa, die unter Heinrich d. Löwen (1129–1195) hergestellt wurde.
Lux	Anne-Christin Lux, Die Dreckapotheke des Christian Franz Paullini (1643–1712), Magisterarbeit Mainz 2005 = http://www.volkskunde-rheinland-pfalz.de/dreckapotheke/index.html (19. 5. 2009)
Maiolo	Simone Maiolo, Dies caniculares, hoc est Colloquia physica nova et admiranda, 2 Bde., Mainz 1615
Manget	Jean Jacques Manget, Bibliotheca chemica curiosa, 2 Bde., Genf 1702

Marshall	William Marshall, Neueröffnetes/ wundersames Arzenei=Kästlein darin allerlei gründliche Nachrichten/ wie es unsere Voreltern mit den Heilkräften der Thiere gehalten habe/ zu finden sind, Leipzig 1894
Meier	Christel Meier, Gemma spiritalis, München 1977
MIGSN	Motif-Index of German Secular Narratives, hg. v. Austrian Academy of Sciences. Unter Leitung v. Helmut Birkhan, hg. v. Karin Lichtblau und Christa Tuczay in Zusammenarbeit mit Ulrike Hirhager und Rainer Sigl, Bde. 1–6, Berlin – New York 2005 ff.
Müller	Jan-Dirk Müller, Vintler, Hans, in: Verf.Lex. 10 (1999), 354–359
Naturkunde	Hildegard von Bingen, Naturkunde. Das Buch vom inneren Wesen der verschiedenen Naturen in der Schöpfung, übers. v. Peter Riethe, Salzburg ^{2}1974
Neckam	Alexandri Neckam, De naturis rerum libri duo, hg. v. Thomas Wright, London 1863 (= Rerum Britannicarum Medii Aevi Scriptores, or Chronicles and Memorials of Great Britain and Ireland During the Middle Ages 34)
Nider	Johannes Nider, Formicarius, hg. v. Hans Biedermann, Graz 1971 (Faksimile des Kölner Drucks um 1480)
Papus	Papus [Gérard Encausse], Die Kabbala, autorisierte Übersetzung v. Julius Nestler, Wiesbaden [1989]. Das Original: Papus, La Cabbala, Paris ^{2}1903
Pelzbuch	Gerhard Eis, Gottfrieds Pelzbuch (= Südostdeutsches Archiv 1938), Brünn 1944 (Nachdruck Hildesheim 1966). Weiters: Gerhard Eis, Studien zur altdeutschen Fachprosa, Heidelberg 1951, 47–79. Dazu: Gundolf Keil, Gottfried von Franken (von Würzburg), in: Verf.-Lex. 3, Sp. 125–136. Zuletzt Regina Wunderer, Weinbau und Weinbereitung im Mittelalter (= WAGAPh 37), Bern – Berlin – Brüssel 2001
Picatrix	*Picatrix.* Das Ziel des Weisen von Pseudo-Maǧrīṭī, übers. aus dem Arab. v. H. Ritter – M. Plessner (= Studies of the Warburg Institute 27), London 1962. [Der andalusische Mathematiker Maǧrīṭī lebte ungefähr um 1000, doch ist seine Autorschaft heftig umstritten. Der *Picatrix* wurde am kastilischen Hof unter Alfons dem Weisen 1265 ins Lateinische übersetzt und von da an von fast allen Autoren, die sich mit Magie beschäftigten, in irgendeiner Weise rezipiert. Ich zitiere ihn nach Büchern und Kapiteln.]

Plinius, nat. hist. C. Plinius Secundus, Naturalis historia, hg. v. B. Mayhoff, 5 Bde., Leipzig 1892–1933

Ploss Emil Ploss, Siegfried – Sigurd. Der Drachenkämpfer (= Beihefte der BJ 17), Köln – Graz 1966

Praetorius Johannes Praetorius, Blockes-Berges Verrichtung oder ausführlicher geographischer Bericht von den hohen trefflich alt- und berühmten Blockes-Berge: ingleichen von der Hexenfahrt und Zauber-Sabbathe, so auff solchen Berge die Unholden aus gantz Teutschland Jährlich den 1. Maij in Sanct-Walpurgis-Nachte anstellen sollen; aus vielen Autoribus abgefasset und mit schönen Raritäten angeschmücket sampt zugehörigen Figuren; nebenst einen Appendice vom Blockes-Berge wie auch des Alten Reinsteins und der Baumans Höle am Hartz, Leipzig – Frankfurt/M. 1668

Puppenspiel Das Puppenspiel vom Doktor Faust, hg. v. E. Höfer, Leipzig 1951.

Roger Bacon Roger Bacon, De secretis, in: Manget I, 617–626; vgl. Gratheus I, 490 f.

Rubruk Wilhelm von Rubruk, Beim Großkhan der Mongolen 1253–1255, hg. v. Hans Dieter Leicht, Lenningen 2003

Rudolph K. Rudolph, Die Gnosis, Göttingen ^{2}1980

Rupprich (1970) Hans Rupprich, Die deutsche Literatur vom späten Mittelalter bis zum Barock, Erster Teil: Das ausgehende Mittelalter, Humanismus und Renaissance 1370–1520, München 1970

Schöck Inge Schöck, Hexenglaube in der Gegenwart. Empirische Untersuchungen in Südwestdeutschland (= Tübinger Vereinigung f. Volkskunde e. V. Schloss – Band 45), Tübingen 1978

Seel Der Physiologus, übertragen und erläutert v. Otto Seel, Zürich – Stuttgart 1960

Sezgin Fuat Sezgin, Geschichte des arabischen Schrifttums, Bd. 6.: Astronomie, Frankfurt a. M. 1976

Scholem (1973) Gershom Scholem, Zur Kabbala und ihrer Symbolik, Frankfurt a. M. 1973

Scholem (1980) Gershom Scholem, Die jüdische Mystik in ihren Hauptströmungen, Frankfurt a. M. 1980

Soror Resh Soror Resh, Einführung in die enochische Magie. Enochisch – die Sprache der Engel, in: Welt der Esoterik 03/08, 82–85; im Internet: http://www.welt-der-esoterik.com/downloads/ enochischemagie.pdf (24. 6. 2009)

Stecher	Gudrun Theresia Stecher, Magnetismus im Mittelalter. Von den Fähigkeiten und der Verwendung des Magneten in Dichtung, Alltag und Wissenschaft (= GAG 622), Göppingen 1995
Steinhoff	Hans-Hugo Steinhoff, «Merseburger Zaubersprüche», in: Verf.Lex. 6, 410–418
Stübe	R. Stübe, Bauopfer, in: HDA I, 962–966
Szandor LaVey	Zu Szandor LaVey s. die ausführliche Darstellung in: http://de.wikipedia.org/wiki/Anton_Szandor_LaVey (7. 8. 2009), wo auch ausführlich auf Roman Polanskis Film «Rosemary's Baby» und die Zusammenhänge mit der «Mansion-Familie» hingewiesen wird.
Tausend und eine Nacht	Tausend und eine Nacht, übers. v. Gustav Weil, Heidelberg 1865, Nachdruck Erlangen 1984
Thorndike	Lynn Thorndike, A History of Magic and Experimental Science, 8 Bde., New York 1923–1958
Trithemius	Trithemius, Chronicon Sponheimense, in: Johannes Trithemius, Opera II, Frankfurt 1601
Tuczay	Christa Agnes Tuczay, Zabulons Buch – auf der Suche nach verborgenen Geheimnissen, in: Faszination des Okkulten. Diskurse zum Übersinnlichen, hg. v. Wolfgang Müller-Funk – Christa Agnes Tuczay, Tübingen 2008, 73–96
V(intler)	Die Pluemen der tugent des Hans Vintler, hg. v. I. V. Zingerle (= Ältere tirolische Dichter 1), Innsbruck 1874
Van Lennep	J. van Lennep, Alchimie, Contribution à l'histoire de l'art alchimique, Brüssel ²1985
Vojnych-Manuskript	Zum Einstieg: http://de.wikipedia.org/wiki/Voynich-Manuskript#.E2.80.9EW.C3.B6rter. E2.80.9C (2. 8. 2009) mit umfassender Information
WAGAPh	Wiener Arbeiten zur germanischen Altertumskunde und Philologie
Weinlig	Ch. G. Weinlig, Index singularis tam simpl. quam compos. etc. Dresdae – Friedrichsstadt 1761
Weiser-Aall	Lily Weiser-Aall, Hexe, in: HDA III, 1930/1, Sp. 1827–1920
Welker	Lorenz Welker, Claudio Monteverdi und die Alchemie, in: Basler Jb. f. Historische Musikpraxis 13 (1989), 11–29
Weyer	De Praestigiis Dæmonum. Von Teuffelsgespenst Zauberern und Gifftbereytern/ Schwartkünstlern, Hexen und Unhol-

den/ darzu irer Straff/ auch von den Bezauberten/ und wie jhnen zuhelffen sey … [Mit] Auch sonderlich hochdienlich newen Zusätzen/ so im Lateinischen nicht gelesen/ … /so der *Bodinus* mit gutem grundt nicht widerlegen kann/ durchauß gemehret und gebessert … Franckfurt am Mayn … 1586.

Wilhelm von Auvergne — Guilielmi alverni De universo in: Guilielmi alverni episcopi Parisiensis, mathematici perfectissimi … opera omnia, Venetiis 1591, 561–1012

Winkle — Stefan Winkle, Das Blutwunder als mikrobiologisches und massenpsychologisches Phänomen. Beitrag zur Geschichte des Bacterium prodigiosum (Serratia marcescens) und zur Phänomenologie der Intoleranz, in: http://www.collasius.org/WINKLE/04-HTML/blutwunder.htm (2. 8. 2009)

Zimara — Marci Antonii Zimarae Tractatus magicus, in: Trinum Magicum sive secretorum magicorum opus continens (1) De magia naturali … Disquisitiones axiomaticas. (2) Theatrum Naturae praeter curam Magneticam et veterum Sophorum SIGILLA et IMAGINES Magicas … (3) Oracula Zoroastris et Mysteria Mysticae philosophiae … Accessere Nonnulla Secreta Secretorum et Mirabilia Mundi ed. Caesare Longino, Francofurti 1616.

Anmerkungen

1 Gerade in neuerer Zeit erlebt die Mondgläubigkeit einen neuen Boom; vgl. Eva Menasse, Die Kraft der käsigen Kugel, in: profil Nr. 21, vom 21. Mai 1994, 25. Jg., S. 76 ff. Darin zitiert: J. Paungger – Th. Poppe, Vom richtigen Zeitpunkt. Die Anwendung des Mondkalenders im täglichen Leben. München 1991; dies., Aus eigener Kraft. Gesundsein und Gesundwerden in Harmonie mit Natur- und Mondrhythmen, München 1993. Der Tageszeitung «Kurier» läßt sich am 29. Mai 1994 (S. 15) entnehmen, daß man bei abnehmendem Mond schlachten soll, weil sich dann die Schweineborsten besser lösen und weil sich luftgetrocknete und schwachgeräucherte Fleischwaren bei zunehmendem Mond nicht halten. Für 1998 legt der «Kurier» den Zeitungen einen Mondkalender bei, der für folgende Aktivitäten die besten Termine vermerkt: Verlobung und Heirat, den Start einer Diät, einen Friseurbesuch, einen Urlaub, die Eröffnung eines Sparbuchs, Bewerbungsgespräche/Gehaltserhöhungen, Geldanlagen/Vertragsunterzeichnungen. 20 Jahre später ist der Mondaberglaube weiterhin in vollem Schwang, wie die neuen einschlägigen Publikationen von Paungger (Kalender usw.) lehren. Die angegebenen Termine stehen in einem undurchsichtigen Verhältnis zu den Mondphasen, wohl schon deshalb, damit nicht «Laien» auf den Gedanken kommen, sie könnten selbst nach dem Prinzip des Zu- und Abnehmens die Termine ermitteln. Als Grundsatzregel geben die Kalender die Voll- und Neumonddaten an, mit der Bemerkung, daß ersterer «Aufregung und Leidenschaft» bewirke, während letzterer beim Beginnen «neuer Projekte» eine «Unfallgefahr» berge.

2 Dazu und zum Folgenden ausführlicher Tuczay (1992), 184–189.

3 Agrippa, lib. II, cap. 22 pg. CXLIX, dazu Nowotny 431.

4 Etymologisches Wörterbuch des Deutschen …, unter der Leitung von Wolfgang Pfeifer, Berlin 1989, s. v. *Abrakadabra*. Man hat das Wort auch aus dem Thrakischen herleiten wollen. Es hätte dann ‹Schaum und Asche› bedeutet. Es gibt jedoch auch Herleitungen aus dem Hebräischen und Aramäischen; vgl. http://de.wikipedia.org/wiki/Abrakadabra (15. 7. 2009).

5 Wie sehr die Königin von Saba auch im positiven Sinn die Gemüter bewegte, läßt sich daraus ersehen, daß der Thomas von Aquin zugeschriebene alchemistisch-mystische Traktat *Aurora consurgens* (‹Aufgehendes Morgenrot›) ihr in den Mund gelegt ist.

6 Agrippa, lib. II, cap. 22 pg. CXLIX, dazu Nowotny S. 431. Mit Vorsicht könnte man aus der Häufigkeit der Planeten der Wiener Sigillensammlung im Numismatischen Kabinett des Kunsthistorischen Museums eine Vorliebe für gewisse Götter herauslesen. An erster Stelle stünde dann Venus, gefolgt von Sol, Iupiter und Mars. Daß Mercurius, der doch für alle Geschäfte zuständig war, danach an letzter Stelle stünde, ist allerdings sehr erstaunlich.

7 Die Milz, lat. *splen*, galt schon in der Antike als Sitz der Stimmungen und Launen. Das Englische entlehnte das lat. Wort, das Deutsche das engl. *spleen*.

8 Das Thema wurde in Achim von Arnims Novelle «Isabella von Ägypten», aber auch in dem berühmten phantastischen Roman «Alraune. Die Geschichte eines lebenden Wesens» (1911) von Hanns Heinz Ewers gestaltet. Das Alraunenthema regte eine Comic-Serie und ein Musical an. Der reißerische Roman wurde seit 1918 sechsmal verfilmt, zuletzt 1952 von Arthur Maria Rabenalt mit Hildegard Knef in der Titelrolle. In der englischen Literatur erscheint die sagenhafte Mandragora in Shakespeares «Romeo and Juliet», zuletzt in einem von Rowlings Harry-Potter-Romanen («Harry Potter und die Kammer des Schreckens»). *Mandrake* ist der Name eines Zauberers in englischen Comics, der Name einer Metal Band und als *Mandrakesoft* eines Computerprogramms, um nur einiges zu nennen. Viele weitere Belege in: de.wikipedia.org/wiki/Alraune_(Kulturgeschichte) (14. 5. 2009).

9 Ein kleines Glossar ist unter: http://www.tirakans-reiche.de/index.php?title=Sprache_des_Enoch (24. 6. 2009) zugänglich.

10 Okkulte Stimmen – Mediale Musik. Occult Voices – Paranormal Music. Recordings of unseen Intelligences 1905–2007, hg. v. Andreas Fischer und Thomas Knoefel unter Mitarbeit von Melvyn Willin, c + p 2007 supposé Berlin, ISBN 978-3-932 513-81-7, LC 10 439; www.suppose.de

11 In der Ilias (VIII, 18–27) stellt Zeus zur Einschüchterung der übrigen Götter das Bild einer goldenen Kette zwischen diesen und ihm selbst her. Sie würden mit vereinten Kräften ihn nicht aus dem Himmel reißen können, er jedoch würde, die Kette am Olympos festgebunden, alle zu sich hinaufziehen können. Die Stoiker deuteten das Gleichnis als Hinweis auf die enge Verbindung des Oberen mit dem Unteren, etwa in der Gefahr eines Weltenbrands, später weitete Macrobius das Bild noch aus. Auch im *Picatrix* (I, 7) lebte die Idee weiter.

12 Dankenswert ist der Versuch im Internet, eine Art Übersicht zu erstellen, wenn er auch nicht vollständig ist und die Rubrik «Aufbewahrungsort» bezeichnenderweise oft leer bleibt; http://de.wikipedia.org/wiki/Liste_magischer_Schriften (30. 6. 2009).

13 Gemeint ist wohl durch absichtliche Verstümmelung etwa im Fall einer Leibesstrafe.

14 http://de.wikipedia.org/wiki/Zauberspruch (15. 7. 2009).

15 Der Sonnwendbrauch, durch Reibung neues Feuer zu erzeugen, ist Thema von Richard Strauß' Frühoper «Feuersnot».

16 Die Handschrift hat das kaum verständliche *De pentendo quod boni vocant sanctae Mariae.*

17 Auch *Teufelsgerste* oder *Holzgerste* genannt, weil die Sage wußte, daß die kornförmige Sporenkapsel von Waldweiblein als Gerste verzehrt wird; Heinrich Marzell, «Widerton», in: HdA 9 (1938/41), 559–565. Mein Botaniker-Kollege Prof. Manfred Fischer denkt (briefliche Mitteilung) in diesem Zusammenhang auch an Polytrichum commune ‹Goldenes Frauenhaarmoos› und den Farn Asplenium trichomanes ‹Braunstieliger Streifenfarn›.

18 Freundliche Mitteilung von Frau Univ.-Doz. Dr. Beatrix Bastl, Akademie der Bildenden Künste, Wien.

19 Aus der Fülle der einschlägigen Literatur nenne ich: Peter Dinzelbacher, Die Templer. Ein geheimnisumwitterter Orden?, Freiburg – Basel – Wien 2002; http://www.templerlexikon.uni-hamburg.de/Frameset_M_dt.htm (25. 7. 2009).

20 Eine ausgezeichnete und umfassende Darstellung des Themas «Ritualmord», die wohl von einem Theologen oder Judaisten stammt, in: http://de.wikipedia.org/wiki/Ritualmordlegende (18. 7. 2009).

21 Vgl. dazu den Überblick in: http://de.wikipedia.org/wiki/Hostienfrevel (20. 7. 2009).

22 Die Literatur zum Hexenwesen ist kaum überschaubar. Einen guten Einstieg bietet z. B.: http://wiki.netbib.de/coma/HexenLiteratur (24. 7. 2009).

23 Bemerkenswert ist das Nachleben dieses Werkes: Es spielte als Musterbeispiel klerikaler Perversion im Kulturkampf nach dem ersten Weltkrieg eine beachtliche Rolle, die insbesondere auch in der NS-Zeit weiterlief. Eine eigene Hexenforschungsstelle sollte das Vergehen der Kirche am germanischen Volkserbe aufarbeiten. Eine noch größere Bedeutung aber erhielt die Hexenverfolgung im modernen feministischen Diskurs, einerseits weil sie einen Zugang zur verschütteten Frauenkultur (als Heilerinnen, Hebammen, «weise Frauen» etc.) versprach, andererseits weil sie das den Frauen über viele Jahrhunderte von den Männern angetane Unrecht konkret faßbar machte. Dem verdankt sich eine ausgezeichnete bibliographische und historische Aufarbeitung des gesamten Themenkomplexes u. a. auch im Internet.

24 Vgl. http://en.wikipedia.org/wiki/Witch-hunt (27. 7. 2009).

Sach- und Namenregister

Bei bekannten Autoren wurde in der Regel nur der Name, nicht der Titel der ihnen zugeschriebenen Werke aufgenommen. Die in den Überschriften genannten «Sachen» werden im Register nicht nochmals wiederholt.